国家出版基金项目
NATIONAL PUBLICATION FOUNDATION

山地城市交通创新实践丛书

山地城市
TOD设计

张虹云 李 栩 聂鑫路 ◇ 著

重庆大学出版社

内容简介

本书探讨了山地城市 TOD 设计创新与实践。本书分为三个部分:第一篇由挣扎发展中的大城市、国内外 TOD 发展思辨及 TOD 属性与特点三个章节构成,重点探讨了当前城市发展背景、TOD 的起源及发展、TOD 的概念及其属性特点;第二篇由大数据在山地城市 TOD 设计中的应用、山地城市 TOD 立体分层设计、山地城市 TOD 地域文化形象及山地城市 TOD 生态智慧设计四个章节构成,重点探讨了山地城市 TOD 设计中应用的技术手法、设计手法及与地域文化和生态结合的设计理念;第三篇由山地城市 TOD 开发案例实践及新的机遇与挑战两个章节构成,从宏观到中观介绍相关案例,并对山地城市 TOD 的发展进行了展望。

本书凝结了作者多年的理论研究成果和实践经验,可为业界同行进行 TOD 设计创新提供理论支撑和案例参考。

图书在版编目(CIP)数据

山地城市 TOD 设计 / 张虹云,李栩,聂鑫路著. --
重庆:重庆大学出版社,2022. 6
　　(山地城市交通创新实践丛书)
　　ISBN 978-7-5689-3358-2

　　Ⅰ. ①山…　Ⅱ. ①张…②李…③聂…　Ⅲ. ①山区城市—城市交通—公共交通系统—设计　Ⅳ. ①U491

　　中国版本图书馆 CIP 数据核字(2022)第 103643 号

山地城市交通创新实践丛书
山地城市 TOD 设计
Shandi Chengshi TOD Sheji
张虹云　李　栩　聂鑫路　著
策划编辑:张慧梓　范春青　林青山
责任编辑:刘颖果　　　版式设计:刘颖果
责任校对:邹　忌　　　责任印制:赵　晟

*

重庆大学出版社出版发行
出版人:饶帮华
社址:重庆市沙坪坝区大学城西路 21 号
邮编:401331
电话:(023) 88617190　88617185(中小学)
传真:(023) 88617186　88617166
网址:http://www.cqup.com.cn
邮箱:fxk@ cqup.com.cn(营销中心)
全国新华书店经销
重庆升光电力印务有限公司印刷

*

开本:787mm×1092mm　1/16　印张:14　字数:300千
2022 年 6 月第 1 版　　2022 年 6 月第 1 次印刷
ISBN 978-7-5689-3358-2　定价:138.00 元

序 一
FOREWORD

　　多年在旧金山和重庆的工作与生活，使我与山地城市结下了特别的缘分。这些美丽的山地城市，有着自身的迷人特色：依山而建的建筑，起起落落，错落有致；滨山起居的人群，爬坡上坎，聚聚散散；形形色色的交通，各有特点，别具一格。这些元素汇聚在一起，给山地城市带来了与平原城市不同的韵味。

　　但是作为一名工程师，在山地城市的工程建设中我又深感不易。特殊的地形地貌，使山地城市的生态系统特别敏感和脆弱，所有建设必须慎之又慎；另外，有限的土地资源受到许多制约，对土地和地形利用需要进行仔细的研究；还有一个挑战就是经济性，山地城市的工程技术措施比平原城市更多，投资也会更大。在山地城市的各类工程中，交通基础设施的建设受到自然坡度、河道水文、地质条件等边界控制，其复杂性尤为突出。

　　我和我的团队一直对山地城市交通给予关注并持续实践；特别在以山城重庆为典型代表的中国中西部，我们一直关注如何在山地城市中打造最适合当地条件的交通基础设施。多年的实践经验提示我们，在山地城市交通系统设计中需要重视一些基础工作：一是综合性设计（或者叫总体设计）。多专业的综合协同、更高的格局、更开阔的视角和对未来发展的考虑，才能创作出经得起时间考验的作品。二是创新精神。制约条件越多，就越需要创新。不局限于工程技术，在文化、生态、美学、经济等方面都可以进行创新。三是要多学习，多总结。每个山地城市都有自身的显著特色，相互的交流沟通，不同的思考方式，已有的经验教训，可以使我们更好地建设山地城市。

　　基于这些考虑，我们对过去的工作进行了总结和提炼。其中的一个阶段性成果是 2007 年提出的重庆市《城市道路交通规划及路线设计规范》，这是一个法令性质的地方标准；本次出版的这套"山地城市交通创新实践丛书"，核心是我们对工程实践经验的总结。

丛书包括了总体设计、交通规划、快速路、跨江大桥和立交系统等多个方面，介绍了近二十年来我们设计或咨询的大部分重点工程项目，希望能够给各位建设者提供借鉴和参考。

工程是充满成就和遗憾的艺术。在总结的过程中，我们自身也在不断地反思和总结，以做到持续提升。相信通过交流和学习，未来的山地城市将会拥有更多高品质和高质量的精品工程。

美国国家工程院院士

中国工程院外籍院士　邓文中

林同棪国际工程咨询（中国）有限公司董事长

2019 年 10 月

序 二

FOREWORD

　　山地城市由于地理环境的不同，形成了与平原城市迥然不同的城市形态，许多山地城市以其特殊的自然景观、历史底蕴、民俗文化和建筑风格而呈现出独特的魅力。然而，山地城市由于地形、地质复杂或者江河、沟壑的分割，严重制约了城市的发展，与平原城市相比，山地城市的基础设施建设面临着特殊的挑战。在山地城市基础设施建设中，如何保留城市原有的山地风貌，提升和完善城市功能，处理好人口与土地资源的矛盾，克服新旧基础设施改造与扩建的特殊困难，避免地质灾害，减小山地环境的压力，保护生态、彰显特色、保障安全和永续发展，都是必须高度重视的重要问题。

　　林同棪国际工程咨询（中国）有限公司扎根于巴蜀大地，其优秀的工程师群体大都生活、工作在著名的山地城市重庆，身临其境，对山地城市的发展有独到的感悟。毫无疑问，他们不仅是山地城市建设理论研究的先行者，也是山地城市规划设计实践的探索者。他们结合自己的工程实践，针对重点关键技术问题，对上述问题与挑战进行了深入的研究和思考，攻克了一系列技术难关，在山地城市可持续综合交通规划、山地城市快速路系统规划、山地城市交通设计、山地城市跨江大桥设计、山地城市立交群设计等方面取得了系统的理论与实践成果，并将成果应用于西南地区乃至全国山地城市建设与发展中，极大地丰富了山地城市规划与建设的理论，有力地推动了我国山地城市规划设计的发展，为世界山地城市建设的研究提供了成功的中国范例。

　　近年来，随着山地城市的快速发展，催生了山地城市交通规划与建设理论，"山地城市交通创新实践丛书"正是山地城市交通基础设施建设理论、技术和工程应用方面的总结。本丛书较为全面地反映了工程师们在工程设计中的先进理念、创新技术和典型案例；既总结成功的经验，也指出存在的问题和教训，其中大多数问题和教训是工程建成后工程师们的进一步思考，从而引导工程师们在反思中前行；既介绍创新理念与设计思考，也提供工程实例，将设计

3

理论与工程实践紧密结合，既有学术性又有实用性。总之，丛书内容丰富、特色鲜明，表述深入浅出、通俗易懂，可为从事山地城市交通基础设施建设的设计、施工和管理的人员提供借鉴和参考。

中国工程院院士
重庆大学教授 周绪红

2019 年 10 月

前　言
PREFACE

　　交通一直是城镇化发展和经济增长的重要引擎之一。近年来，各省市城市轨道交通、市域铁路等骨干交通网的建设如火如荼，带动了沿线土地的集约化开发和价值提升，同时逐步形成了具有中国特色的"交通+土地"开发模式，即公共交通导向型发展（TOD）模式。TOD作为城市有机系统中的重要枢纽，具有明显的"站城一体"特征和属性。平原城市"摊大饼"的城市格局，能轻易落地圈层式TOD开发，但是在山地城市要想打造好理论意义上的站城一体化片区却非常难。在山地城市开发TOD，既有地势高差的限制，又有用地条件的制约，还有地域产业和文化的束缚。因此，要做好像重庆这样特大型山地城市的TOD开发，需要一套更接地气的方法论、设计技巧以及合理的开发模式，这也是编写本书的初衷。

　　山地城市的本底决定了轨道交通网的基本形态和站点设置的独特性，围绕着山地城市轨道交通站点进行TOD开发将更具立体感、多态性、集约化，除了基本的"功能一体化、换乘一体化、数据一体化"外，还应该构建一套基于"交通+用地+数字+智能+产业"的生态体系，使每一个TOD节点都具有区域文化和经济特色，"由点到线、以线带面"地打造山地市网络化TOD集群，最终实现产业互补、生态共享的总体发展格局。

　　本书的编写团队在重庆轨道交通TOD建设及发展过程中，参与了多个项目设计和线路多点TOD规划研究工作，结合TOD规划、设计经验，我们以重庆山地特性为研究对象，进行了山地城市TOD设计创新与实践研究，并汇编成册。全书重点论述了TOD开发内涵与发展趋势、TOD的设计理念及技术，并就实践案例进行了详细说明。力求以理论指导实践，以实践反馈理论，进一步丰富TOD理论，拓展

TOD 研究领域,为业内同行研究山地城市 TOD 设计及开发提供参考。由于编写团队水平有限,书中难免存在不足之处,恳请各位同行、专家及读者批评斧正。

感谢编写组成员刘雪山、翁承显、李德安、刘丹凤、郭倩、丁伟、吕梁等人为本书付出的辛勤劳动!

最后,向参与本书技术审核的林同棪国际工程咨询(中国)有限公司的专家、领导表示感谢! 同时感谢重庆大学出版社,感谢你们的鼓励、信任和支持!

张虹云　李栩　聂鑫路

2022 年 3 月 20 日

目　录

CONTENTS

第 2 篇　山地城市 TOD 设计理念

第 3 篇　山地城市 TOD 设计实践

第 1 篇

浅谈 TOD 发展与属性

第1章　挣扎发展中的大城市

1.1　城市焦虑与抗争

1.1.1　城市生命机体

从柏拉图的"理想国"、莫尔的"乌托邦"到康帕内拉的"太阳城"、欧文的"新和谐公社",都反映着人们对理想社会的渴望与追求,而理想生活离不开美好城市的建设。

城市是一个有机的生命体,它和人类一样,拥有自己的"血脉",拥有自己的"躯干",也同样拥有自己的"呼吸"。城市也在一步步地成长,需要环境的滋养,才能健康苗壮,生生不息。城市生命体是一个复杂的巨型系统,它能够进行新陈代谢,能够生长发育,对外界的变化亦有着应激反应,并能逐渐适应。正是这些特征与反应,使人们总结出城市代谢理论、城市生命周期理论、生态城市理论等,这些理论又反哺城市的规划设计及管理领域,使城市发展得更加健康和完善。

城市这一有机生命体拥有两套系统,即基础设施系统和功能机构系统,两者叠交缠合,构建了城市的基因体系,引导着城市的生长。

如今的中国,有许多大城市,最繁华的莫过于北京、上海、广州,当然深圳、成都与重庆等城市亦有自己的风貌。为了便于理解,我们将城市换一个别称——城市森林。

城市森林和自然森林一样,拥有自己的生态系统,实现自我升级,并逐渐更新完善。观察入微之时就会发现,城市中的每个人、每只动物、每栋建筑及每件事物,都是城市必不可少的元素,有其存在的合理性。

以北京为例,和每个城市一样,最初的北京作为城市森林的起点,只有二环,但在之后的岁月里,得益于和平的环境,它像雨后春笋般向四周蔓延,体型慢慢健壮起来,从二环变为三环,三环又长到五环、六环。土地的扩张,让原来的农村、荒地变得高楼林立,城市森林的规模变得庞大起来,内部生态系统也越发完善,繁华也就不言而喻。

当然,城市森林的扩张不能盲目地平铺式展开,否则内部生态系统就会出现问题,城市就会失去活力。可以说,城市森林生态系统最初的结构就是人们需求的衣食住行,即商业、居住和交通。当规模扩张时,住房与商业的距离会逐渐拉大,而当步行时间超过一定值时,人们便难以接受,于是就有了抱怨。这时新的商业就会诞生,离住房的路程相应缩短。由此可以发现,城市森林生态系统会有明显的界限划分,就像各个细胞之间的细胞壁一样,相互隔离却又紧密联系。

在以前,城市分为"市"与"坊",空间比较单一。如今,我们的城市成为生命体,有着复杂的空间和机能。城市会从诞生到衰落,又会从荒芜中生长起来,继而存续且不断地完善。这时你就会发现,城市的钢筋水泥不再冰冷,它们是文明的结晶,哪里最有活力,结晶也就越明显,人类聚集的也就越多,这就是城市的价值所在。

对于城市,不同的人有着不同的理解,经济史学家保罗·贝洛赫在《城市与经济发展》一书中提到:"这世界上没什么事情比城市的兴起更令人着迷了。没有城市,人类的文明就无从谈起。"城市是文明的载体,也是文明的坐标,城市的兴衰同样反映着文明的兴衰。可以说城市的发展变迁就是人类的一部文明史,每一次文明的繁荣,都会诞生一座特有的城市,这些城市传承着自己的故事,在时间的长河下成为如今的样貌。

于光远觉得"城市是人口集中、工商业比较发达的地区"。他以"人口集中"和"工商业比较发达"来总结城市的特点。与此相反,农村人口稀疏,几乎没有工商业,以农业为主。这样理解虽然简洁易懂,却忽略了城乡之间为什么会有这样的差别。

马克思、恩格斯曾经说过:城市本身标明了人口、生产、工具、资本、享乐和需求的集中;而在乡村里所看到的却是完全相反的情况:孤立和分散。马克思和恩格斯讲述了城市与乡村的本质区别,城市集中、农村分散。他们的观念和老子的"邻国相望,鸡犬之声相闻,民至老死,不相往来"颇有相同之处。按照乡村的本质特点——孤立和分散,城市则刚好相反,其特点就应该是"连接与集中"。对于这个观念,英国经济学家K.J.巴顿给予了更为明确的定义:城市是一个坐落在有限空间内的各种经济市场——住房、劳动力、土地、运动等交织在一起的网状系统。

K.J.巴顿的定义将城市形容成一张网,重点强调它的网络连接属性。城市集中的原因在于有一个网络,网络的线路即是交通路线。网络中的节点各自承担着不同的功能,人们就生活在这些节点上。

不过,作为一个经济学家,K.J.巴顿更多的理解在于城市的经济属性。城市作为一个多维的复杂生命体,除了经济属性外,还有许多其他属性。卢梭曾说过:"房屋只构成镇,市民才构成城。"他认为人才是城市构成的关键,人才能治理好城市,强调的是城市的人文属性和治理属性。

说到这里,城市的概念就逐渐清晰了。城市之所以能够成为文明的坐标、经济的载体,是因为城市和人类文明是一起成长的。城市的建筑、设备设施等,记录着当时最先进的科技文化成果;城市的功能机构,记录着当时最先进的制度成果。不仅如此,城市还用文字把这一切整理出来,以备后人学习、使用和改进。通过这些文字记录,城市保留了人类文明的最优秀发现,随着人类文明一起进步。

1.1.2 城市情绪

由于经济的快速发展,城市化进程的飞速前行,城市问题开始逐步显现出来。交通的拥堵(图 1.1)、环境的污染、住房的拥挤等,被称作"城市病",它们的出现影响了城市的正常运行,也给城市里的人们带来诸多不便。城市作为一个有机生命体,遇到这些问题,和大多数人类一样,也会产生"负面情绪"。

图 1.1　城市交通拥堵

城市这一有机生命体与人体一样,有经脉、血液、器官及躯干。城市的道路系统如快速路、主干路、次干路及支路等类似于人体的经脉,这些是能够看到的位于表面的脉络,还有那些看不到的脉络,如地下管道。城市的血液就相当于是那些交通工具。一个鲜活的生命是需要自由呼吸的,城市也拥有自己的呼吸系统——城市绿肺,大到湿地公园,小到普通的规划绿地,都能构成绿肺系统。城市的躯干相当于它的边界范围。

城市生命体和大多数生命体一样,有着自己的规律,越健康、有活力,它的体征工作系统就越好。城市的经脉越通畅,生命力就会越强;城市的文化越繁荣,给人的记忆就越深刻;城市的生态绿色越健全,就越有凝聚力;城市经济越发达,就越有影响力。

因此,第一步很重要,要保障城市的经脉通畅。如果交通拥堵,城市就会产生情绪,生病成为必然,城市的情绪还会蔓延到生活在其中的居民,给他们带来生活上的麻烦,居民便抱怨起来,两者相互关联,一损俱损。

交通拥堵是目前"城市病"最为突出的问题。另外,还有城市管网不合理;空气污染、热岛效应;信息不通、医疗不通等。治疗"城市病",就要疏通经脉,梳理通畅才是关键。

1.1.3　城市心理诊疗

"城市病"作为所有国家曾经或正在面临的问题,是城市快速发展道路上必然经历的一个过程,需要城市的每个人,从各个方面,以不同的方式进行有效整治,以确保城市健康发展。

目前,中国各个城市都在飞速发展,交通设施更替完全跟不上汽车的增长速度,这就导致交通拥堵成为各大城市的通病。据公安部统计,2021 年全国机动车保有量达 3.95 亿辆,其中汽车 3.02 亿辆,数量庞大。《中国主要城市道路网密度与运行状态监测报告》(2022 年度)显示,以北京为例,中心城区工作日高峰小时平均速度为 21.9 km/h,整体处于中度拥堵状态。《2021 北京市通勤特征年度报告》显示,2021 年北京中心城的平均通勤时耗为 51 min,平均通勤距离为 13.3 km,金融街、国贸、望京等大型商圈在早晚高峰最为拥堵,同时这些地方也集中了大量的工作岗位,导致到岗通勤的时间成本大大增加。这个时间成本对于基本工资越高、经济越发达的城市,交通拥堵造成的损失也就越大。

关于这个病痛点,习近平总书记在京津冀协同发展座谈会上着重强调提出:"着力构建现代化交通网络系统,把交通一体化作为先行领域,加快构建快速、便捷、高效、安全、大容量、低成本的互联互通综合交通网络。"在了解各地城市的具体交通情况之后,他还指出:"如何解决好海量人口的出行问题是个大难题。要把解决交通拥堵问题放在城市发展的重要位置,加快形成安全、便捷、高效、绿色、经济的综合交通体系。"

在城市中为私家车大量建设城市道路是不可行的,首先是城市用地开发建设限制,其次是大量汽车造成的尾气污染城市环境。因此,城市发展公共交通才是有效缓解交通出行拥堵的办法,也是现代化都市的发展方向。现在很多城市的交通问题主要是公共交通发展的不完善,其次是倡导人们绿色出行的力度不够。所以,需要建立健全公共交通体系,全方位覆盖各个角落,最终形成以大容量的公共交通为主和小容量的私家车为辅的交通互补形式,使公共交通效益最大化,这样拥堵问题才能得到解决。

日本东京的人口密度非常大，公交网络也非常发达，人们在出行时会选择公共交通，当然最多的是轨道交通。他们的私家车很少用于上下班，更多用于休闲和旅行，如此就形成了公共交通主导、私家车辅助使用的良性分工。

环境污染也是城市发展过程中必须面对的问题之一。环境作为我们生存的基础，与我们的生命健康紧密相连，同时也决定了一个地方的发展前景。习近平总书记说过："要像保护眼睛一样保护生态环境，像对待生命一样对待生态环境。"城市污染最为突出的问题就是雾霾，要改善城市的空气质量，首先需要控制 PM2.5 的输出量。控制就需要从源头开始，PM2.5 的主要来源是燃煤、工业排气、汽车尾气等，因此要从减少燃煤的使用量、开发使用新型绿色能源（太阳能、风能、潮汐能等）、控制汽车的使用、倡导公交出行、调整产业结构、工业尾气处理后再排放等方面入手，聚焦重点领域，严格指标考核，加强环境执法监管，严格责任追究。

因为产业的调整、能源的更新等都需要时间的积累，所以城市的污染治理是一个缓慢且长期的过程，而且任务艰巨。在政府主导下，需要协调社会力量一起，倒逼和激励政策双管齐下，逐步实现环境改善的最终目标。在 2022 年的今天，生态环境总体上得到了改善，污染物的排放总量也大幅降低，但仍然需要坚持不懈，以创造更美好的明天。

城市需要有完善的城市管理及服务，让生活在城市的人们获得幸福感、安全感。城市管理要适应人们的生产生活需求，符合城市的发展要求，坚持以人为本、权责一致，要建立权责明晰、服务为先、管理优化、执法规范、安全有序的城市管理体制，从而让城市成为人民追求美好生活的有力依托。

魅力城市需要全体人员共同建设与管理。城市建设需要尊重市民对城市发展决策的知情权、参与权和监督权，鼓励私营企业和市民通过各种方式参与城市建设和管理的过程，真正实现城市共治共管、共建共享。

人是城市的主体，人的安全是第一位的。"新冠肺炎"的出现，让人们对应急系统的建设有了更深刻的理解，我们的城市在应对突发情况时，需要快速、有效地实施相关应急措施，以保障人们的生命财产安全。习近平总书记指出："人民群众生命财产安全，事关改革发展稳定大局。"城市要加强安全监管，建立起专业化、职业化的救灾救援队伍，健全城市应急管理体系。城市应急管理体系是保护人民群众生命和财产安全的重要保障。只有建立健全科学的城市应急管理体系，才能有效保障和改善民生服务、维护公共安全、提升突发事件的应对能力。

"城市病"其实是城市规划建设和管理体系不科学造成的，因此需要从源头抓起，响应国家政策的同时做好规划工作，并制定符合实际的一系列措施，认真贯彻执行，最大化减轻"城市病"。

TOD 利用交通枢纽，进行周边土地的综合开发，将建筑、交通、业态、生态、文化等各方面都纳入整体考量，为城市发展带来新的方向。TOD 理念不仅能很好地解决"城市病"问题,还符合城市建设需求,由交通枢纽站点出发,慢慢地以点连线,最终形成城市全域覆盖的 TOD 网络,实现城市的更新升级。TOD 理念下的完美生活状态也为城市今后形成更大的格局提供契机,能更好地解决城市问题,确保城市持续良好地发展下去。

1.2　超级城市计划

1.2.1　城市一体化

1)都市圈与城市群

如今的世界,日新月异,经济发展朝气蓬勃,在全球化背景之下,城市的发展不只是引领它的哪一个区域发展,它还代表着一个国家的经济发展,往大说,国家参与全球竞争和国际分工的基本单元便是城市。因此,国家的大都市拥有重要的战略地位。中国作为发展中国家,城市化进程不断加快,城市数量达到 663 个(不含港澳台),大都市仅仅只有十几个,但它们的经济总和却占全国总量的一半,可见其重要性。根据数据显示,目前一些西方发达国家的大城市经济总和能够占到它们整个经济总量的80% 左右,因此城市化发展还有很长的路要走。

大都市以属性区分,可以分为都市圈和城市群两个概念。都市圈简单来说就是一个小版的超级城市,其周边会出现几个小城市作为卫星城与超级城市协调发展,如东京、伦敦、巴黎都属于都市圈,它们的典型特点就是以一个超级城市为核心;城市群的概念与都市圈不同,城市群中的城市之间没有从属关系,有协同关系,但协同关系较弱,没有完全连在一起,它们一起构成城市群,其重点是强调城市间的相互关系。都市圈和城市群的发展,对区域和国家的发展都有重要意义。

中国城市的发展总体呈现"集聚与扩散交替复合作用"的规律。"市场机制与政府干预共同作用"是中国城市发展的基础机制,相关因素首先通过市场与政府调控发生作用。中国城市发展的另一个规律是"经济、社会、文化和生态协同作用",它指导着中国城市发展的进程。目前,我国城市空间结构呈现"中心-外围"的总体特征,城市发展空间呈现等级化、网络化的多中心形态,扩展模式主要是网络扩展,同时也有一定的轴向扩展。

城市需要发展,其发展要素离不开这几点:科学规划是推动城市发展的首要保障;其次需要建立协调治理机制,这对于城市良性发展有着极其重要的作用;高速综合交通运输体系作为城市重要的基础设施,是城市发展的基础保障;在全球化趋势下,一体化也将是城市未来发展的趋势;城乡协调是中国城市发展必须面对的问题,而且是比较重要的一环;政府作为城市建设的主导力量,却也离不开民间力量,它们一起推动着城市的发展。

改革开放以来,中国的都市圈和城市群效应明显、体系初步形成、功能定位日益清晰、布局开始均衡、极核功能提升,但也存在城市群之间发展差异明显、极核功能仍总体不强、资源环境消耗较大、行政化力量作用较深、区域协调机制还不健全等弊端。这些弊端主要是在建设过程中存在偏颇、基础工作薄弱、制度保障不健全以及区域治理缺失等造成的。因此,为了更好地促进我们城市的发展,应该在科学编制城市规划、规范概念和统计标准数据、发挥公共财政保障作用、健全协调治理机制和推进行政体制改革等方面做出积极努力。

2)长江三角洲一体化

长江三角洲地区作为我国经济开放程度最高、发展最活跃、创新能力最强的区域之一,在国家全方位开放和现代化建设大局中有着重要的战略地位。推动长江三角洲区域一体化发展,增强长江三角洲地区的竞争力和创新力,提高区域连接性、经济集聚度和政策协同效率,对加快建设现代化大都市和实现高质量发展具有重要意义。

图 1.2   长江三角洲城市群示意

①2019 年,长江三角洲区域一体化发展规划纲要正式印发,规划范围为苏浙皖沪四省市全部区域(图 1.2),共涉及 26 个市,区域面积 21.17 万 km²,约占国土面积的2.2%。长江三角洲经济圈是中国最大的经济圈,综合实力第一,其经济总量相当于中国 GDP 的 20%,且年增长率远高于中国平均水平。据《国际金融报》记者统计,2020

年一季度,上海市、江苏省、浙江省和安徽省合计 GDP 达 4.98 万亿元,占一季度国内生产总值的 24%。

②随着城市群的快速发展,不少矛盾凸显。如上海全球城市功能相对较弱,中心城区人口压力大。公共资源过度集中,人口过度向中心城区集聚,带来了交通拥堵、环境恶化、城市运营成本过高等"大城市病"问题。又如城市群发展质量不高,国际竞争力不强。制造业附加值不高,高技术和服务经济发展相对滞后,高品质的商务商业及宜居环境亟须加快营造。城市间分工协作不够,低水平同质化竞争严重,城市群一体化发展的体制机制有待进一步完善。

长江三角洲城市群的区域连接性整体较好,而且内部的经济水平差距也不大,可以说一体化建设已经有了一定的成果。但与珠三角城市群相比,还需要从以下方面进行提升:

①对区域连接性进行改善,推进建设进度。长江三角洲城市群区域连接性整体较好,但局部存在不足。如合肥、蚌埠、徐州及南京等城市间交通枢纽的连接性较差,需要加强这些城市间基础交通设施建设,确保互联互通的体系框架能够与经济发展和人口地位相匹配。

②利用城市聚集效应,加强区域经济建设。推动城市制造业向服务业的转换升级,发挥上海等经济发达城市的带头示范作用,利用原有优质资源,广纳贤才,扩大发展机遇,探索新型经济,同时注重研发、生态发展的经济带动效益,保障经济快速优质发展。

③做好薄弱环节,协同一体提升。长江三角洲城市群拥有良好的市场基础,上海发展的最好,苏州、杭州、嘉兴等地发展均衡度也较高,但安徽和苏北等地发展较差,需要将这些城市作为重点发展提升对象,挖掘其产业及资源优势,在做好区域连接的基础上,扬长避短,带动发展,将区域的短板做好,保障城市群协同一体化发展。

3)成渝一体化

成渝包括成都、重庆以及两座城市之间和周边的区域范围,是中国西部最为重要的城市群,也是西部经济和文化的代表,如图 1.3 所示。

成都、重庆作为成渝城市群的重要组成城市,具有明显的中心带动作用,因此需要进一步提升城市能级,深层次开放,引领西部城市群良好建设,并优质发展沿江经济,以更好地贯彻执行一体化发展理念。为了实现这些目标,主要从以下方面进行:

①建设全国现代化产业示范基地。借力"互联网+"的产业化升级,大力发展新型工业及先进制造业,以新能源带动新经济,扩大现代服务业的服务范围及水平。培育新兴的产业基地,打造机械自动化物流园及地标性金融交易中心,形成一个资源、制造、出售的完整产业链,由此突出它的核心竞争力,使其成为示范性产业基地。

②建立创新西南的先行区。成都、重庆及绵阳都被列为国家创新型城市,需要充分发挥本有的创新能力,关注擅长领域,以技术创新,促进新资源生成。通过建设创新

图 1.3　成渝一体化城市群示意

平台,推动试点试验,结合优秀企业、科研机构及大学等社会力量,将理论转化为成果,创新能力转化为生产力,以此建设创新西南的先行区。

③打造开放型的经济片区。利用长江经济带的优势,充分发挥其作用,加强对内的交流合作,建立相关的开放政策,以全新的方式开放通道,辐射西南城市群。在打造西南片区的城市交流中心的基础上,以杠杆的方式带动西部其他城市的发展,打造一片有活力的开放型经济地带。

④建立城乡发展示范区。城乡一体化发展是每个城市的必经之路,在成都、重庆建立重点城乡一体化发展试验区。考虑农村人口走向城市的解决思路,构建新型的农业管理体系,将生产、销售全过程管控,并创新发展新兴的农业产业(生态果园),统筹规划好城乡基础设施建设,建立起优秀的城乡一体化发展示范点。总结优秀的城乡发展经验,再推广到整个成渝城市群的覆盖片区,全面推进发展力度。

⑤打造绿色生态城市群。在西南片区优秀的山水本底上推动绿色生态发展,优化城市生产生活空间,将长江上游打造成中国西部的绿色屏障。借助自然水系、山脉等,结合城市文化,建设出有历史、有记忆、地域风格突出的美丽生态城。

⑥打造"一轴两带,双核三区"的空间格局。以成都和重庆两个西部城市为例,二者组成城市双核,打造成渝城市群,并结合长江城市带和德阳、乐山、成都、绵阳等城市带,促进南遂广城镇密集区、川南片区、达万片区等三区的快速发展,更好地推进成渝城市群一体化建设。

a.建设成渝城市群发展主轴。借助交通运输,大力推进重庆两江新区和成都天府新区建设,这两区的建成形成轴带效应,有效缓解中心城区压力,并很好地为潼南、永川、大足、荣昌、遂宁、璧山等沿线城市带来发展机会,此时成渝城市群发展主轴也就慢慢显现出来。有了发展主轴,确立了发展方向,就可以加速推进交通基础设施的完善(交通、管廊、绿化等),让城市发展得更美好。

b.优化建设绵阳、德阳、成都、乐山等形成的城市带。借助铁路和公路等交通运输通道,以成都带动,按线形方式连接周边城市,带动它们协同一体化发展,如此可以有效拉动经济,吸引人流,形成有活力的城市发展带。城市带沿线产业转型升级,利用成都国家级自主创新示范区平台,聚焦智能产业,打造出一条具有特色的城市产业带。

c.建设长江上游的沿江城市带。借助天然的长江水系和沿江的铁路、公路,以重庆为示范点,带动丰都、涪陵、宜宾、江津、长寿、泸州、万州等城市的发展,形成长江上游的沿江城市带。沿江建设港口及生态工程,以其特有的区位优势,培育特色产业,还可以建设现代智慧物流园等,带动泸州、涪陵、长寿、万州等城市的产业园发展。加强对沿江的环境治理保护,合理建设沿江绿道生态工程,使江岸成为生活的休憩地,而不是城市的隔离带。

d.重庆核心城市升级。以国家中心城市为建设目标,深层次的建设为部开放型经济,提升重庆在长江上游经济带的战略地位,以其长江上游的经济中心、科技中心、商贸中心等形成影响力,推动建设两江新区,使重庆拥有更强的聚集、竞争和辐射西南的能力。做好城市发展上游规划及产业定位,结合山地特色和人文历史,把控城市建筑尺度及形象,将城市一步步发展成为国际都市,并引领西南其他城市群共同发展。

e.成都核心城市升级。以国家中心城市为建设目标,加强成都核心科技、经济、文创、对外交往及综合交通枢纽的功能建设,推进天府新区的规划建设,建立国家级示范区(新兴产业、科技创新),加强与国际交流,确保走在科技前沿。对接西南城市群,提升城市核的带动作用,协调发展资阳、德阳、眉山等周边城市,确保城市群一体化健康发展,提升都市圈影响力。

f.发展南遂广、川南及达万城镇密集区。南遂广主要有南充、遂宁、广安等市和其中部分县城;川南主要包括内江、自贡、泸州、宜宾等市区和其中部分县城;达万由达州、万州、云阳及开州等市区组成。联合发展这三片密集区,有利于加强协作配套发展,优势互补,同时也是城市群一体化发展的要求。

4)粤港澳大湾区一体化

粤港澳大湾区(图 1.4)是以深圳、香港、澳门、广州等主要城市,还包括珠海、中山、惠州、肇庆、佛山及东莞等城市所围合覆盖形成,它是我国城市化发展程度最高、经济最有活力的片区之一,可以说是我国参与国际竞争的重要城市群体。2020 年底,粤港澳大湾区常住人口约 7 000 万人,经济总量达 11.5 万亿人民币,经济非常发达。

珠三角城市群包括在粤港澳大湾区内。珠三角城市群是我国一体化发展靠前的城市群,面积很小但经济密度很高,最终会达到饱和,没有较大的提升空间。因此,需

图 1.4 粤港澳大湾区城市群示意

要给珠三角城市群注入新的发展活力,将香港、澳门一起纳入都市的包围圈,共同发展。

根据 ACEP 指数分析,将珠三角城市群扩大,加入香港及澳门,建立粤港澳大湾区是一个正确的抉择。在扩大纳入之后,一体化指数不仅没有下降,反而有明显的增长,有利于城市群的整体发展。

5)京津冀一体化

京津冀位于我国的华北平原北部,囊括北京、天津及河北省全域,如图 1.5 所示。这些地区有着相似的历史文化,而且都紧密联系在一起,将它们一体化协同发展可以加强京津冀及环渤海地区之间的经济协作,缓解北京和天津的人口及交通压力,合作共赢,优势互补。

京津冀城市群有着其他城市群不能及的影响力。北京是我国的首都,集政治、文化、科技、经济于一体,是我们国家的心脏;天津作为我国的直辖市,兼顾北方及环渤海的经济中心,亦是相当重要;河北紧靠京津,为它们提供重要资源的同时,还拥有先进的科技、教育、交通及产业等,发展潜力不可估量。

2015 年《京津冀协同发展规划纲要》的提出,推动了京津冀城市群之间的生态保护、产业升级转移和交通连接,极大地缓解了北京的压力。京津冀城市群一体化发展的难度要远远大于长三角及珠三角,由于河北的经济发展水平与北京、天津本就存在巨大差距,而且它还需要为京津提供发展资源,更加限制了自身的发展,如何将三者协同发展成为一个难点。

图 1.5　京津冀城市群示意

根据 ACEP 指数,京津冀一体化发展指数不高,但是如果在京津冀城市群中剔除张家口及承德等城市的数据后,一体化发展指数就会大幅提升,这主要是因为京津与河北各城市之间存在发展上的差距。因此,需要北京、天津通过资源、技术上的支持来促进河北发展,并且建立合理的制度,有效减小不同城市间公共财政的支出差距,从而推动京津冀城市群一体化的协调发展。

随着河北雄安新区的设立,给其发展带来新的契机,它成为河北的一个重要支点,这个支点能够为京津冀成就三足鼎立的姿态。另外,雄安新区还有一个更为重要的任务,就是和京津一起带领河北其他城市协调发展。

1.2.2　超级城市

在经济、科技的推动下,城市越来越繁华,也吸引着越来越多的人聚集到城市,在合理的规划条件下,城市会自适应、有序地扩大范围及影响力。但城市终归有一个边界,当几个城市的边界相互交接,就像连接在一起的细胞一样,而且通过细胞壁的物质交换,让它们越来越紧密地联系在一起,这时城市就有了一个新的名词——超级城市,当然超级城市也意味着会有许多城市化问题需要解决。

1)基础设施大连接

超级城市的健康发展离不开基础设施建设(图 1.6),它保障着城市的基本运行。

完善的基础设施能够有效提升城市的承载力,让城市高效运行,居民的幸福感也会随之提高。由此可见,为了应对超级城市的运行需求,必定需要搭建一套完美的基础设施体系,这个体系也可以称为基础设施的大连接。

图 1.6　基础设施——道路、绿化示意

基础设施大连接的设计需要从规划入手,确保规划的科学合理,在其引导下,有序地进行施工建设。大连接主要包括城市交通、城市管网、城市污物处理及城市绿道 4 个部分。

（1）城市交通

首先,超级城市的快速交通是最重要的,城际高铁、快速通道必不可少。其次,与现代城市一样,需要优化超级城市的道路网络系统,在土地允许的前提下,提升道路网络的密度,确保道路网络的可达性和连通性。再次,需要有序发展轨道交通系统,加强轨道交通与其他交通工具之间的便捷换乘。然后建立完善的"慢行系统",坚持以人为本的设计理念,以绿色、安全为主要目标,创造舒适优雅的步行环境。最后,超级城市的各种交通方式实现无缝对接,互联互通,形成完整的大连接体系。

（2）城市管网

城市管网作为城市的基础设施,不仅承担输送能源（水、电、热、气）的任务,还有通信、防洪排涝的作用。对超级城市管网进行一体化设计,有利于前期建设,还方便后期运营维护,也给其他建设预留空间。

（3）城市污物处理

城市污物一般包括城市垃圾和城市下水,合理地处理城市污物不仅能有效保护城市环境,还能变废为宝,能源再利用。通过建立集中的垃圾处理站及下水一体化处理设备,利用生物、物理和化学等多种处理手段,使污物达标排放或再次利用,为超级城市环境建设作出贡献。

（4）城市绿道

城市公园作为市政基础设施,为人们提供游玩、休憩的活动空间,但城市公园之间一般距离较远,若将其连接起来,能更好地将公园融合到城市的各个空间,城市公园的使用性和可达性也将得到很大提升。利用城市绿道的规划设计手法,将城市中的绿色空间(城市公园、绿廊)进行一体化连接,可以形成一个相对完整的绿色网络。绿道会延续城市的带状空间,将水系、山脉等融入进来,不仅能够拥有良好的视觉通廊,还可以为人们提供绿色安全出行的步行及自行车交通网络,慢行体系也就逐渐形成。

2）供应链网络构架

随着科技的进步,交通工具越来越发达,运行速度的提升大大缩短了城市之间的时空距离。城市需要的基础生产要素可以从更远的地方输送过来,人才输送亦是如此,当人们从一个城市到另一个城市上班所耗费的时间与同城上班时间差不多,甚至更少时,异地工作的想法就会出现。城市时空距离的缩短,会进一步加大城市的供应链网络。对于超级城市而言,其内部便捷的交通推进输送,会使供应链网络得到空前放大,不论是能源物资,还是异地人才,都能被很好地吸收利用。

3）时间与空间的置换

“决定距离的不是空间,而是时间的长短”,超级城市能够实现时间弥补空间的距离、时间与空间的置换。在城市一体化推动下,城市之间协同发展,交通工具迅速升级,使得路途耗费的时间越来越短。例如,在超级城市的城市群里,从 A 城到 B 城仅需一小时左右,当天来回,无须留宿,“出差”的概念就会慢慢淡化甚至消失,城市间的空间壁垒就会被交通打破,超级城市自然而然也就实现了时空置换,得到进一步的融合、升华。

超级城市的建设离不开优秀的城市规划,需要良好的交通体系将其组织起来,而 TOD 的一体化设计理念完全符合这一需求。就目前而言,城市的发展还面临各种各样的问题,城市的特点不同(平原城市、山地城市),问题也会不同,需要结合实际,因地制宜。

1.3 山地城市

1.3.1 当前山地城市面临的主要挑战

我国陆地面积约为 960 万 km²，位居世界第三，占世界陆地面积的 6.4%。山地面积约占全国陆地面积的 33%。中国地势西高东低，不仅有世界最高的山峰，也有海拔低于 50 m 的近海平原，山脉河流彼此交错，气象万千。如何将这些山地利用起来并进行合理开发是我国的一个重要课题。

人们对于山地的开发与探索从未停止过，形成了一些颇有特色的山地建筑及城市。对山地城市有狭义，也有广义的理解。狭义的山地城市和我们通常理解的"山地城市"基本相同，指的是那些修建在丘陵与山坡等复杂地理环境之上的城市，它的地形断面坡度一般都大于或等于 5%，在 4 km² 内相对高差能够达到 25 m 或者更多，城市的居住、生产及交通都是在复杂不平整的地形上进行组织，形成与平原城市大不相同的建筑风格和空间形态，如重庆、香港等城市。广义的山地城市指的是城市的整体格局与山体有关联，这种城市一般是修建在山体边上较为平整的地面上，受山体现状影响，不能一直平整地发展规模，只能顺延山体，从而形成特殊的格局。这种城市山体是其重要的组成部分，构成它的背景，如杭州、贵阳、昆明等城市。

1）人地矛盾加剧

近年来，随着城镇化进程的加快，大量人口涌入城市，使得本就稀缺的城市土地资源更加紧缺，基本农田保护政策的实行也制约了建设用地的扩展，但城市建设对用地的需求却与日俱增，加剧了人地矛盾。

无节制地开发与建设，不仅改变了城市长期形成的天际轮廓线和空间格局，还加大了城市的自然生态压力。城市快速建设，新建区不断向高坡度、高生态敏感度的山体推进，逐渐突破原有城市形态与自然的平衡界限，破坏了城市原有的山地地貌，而且成为诱发自然灾害的主要原因，加剧了人地矛盾。人地矛盾成为当前影响山地生态环境和制约我国山地城市发展的重要因素。

2）地域特色消失

地形、水体等自然因素很大程度上制约着山地城市的发展。山地城市形态突出的自然景象可以作为城市空间格局中定位与辨向的主要参照物。这些参照物在漫长的城市演化过程中，逐渐成为当地人文景观中极具地域特征的标志性视觉要素。从人文地理视野来看，传统山地城镇是以整体协调的方式融入自然背景中的，它的空间肌理总是体现所在地域的自然地理属性和生态属性。因此,对山地城市特征的保护就是对城市文脉的保护,对地域特色的延续。但近年来由于城市的无节制开发,原有的山头与沟壑在现代开发技术下不见了踪影,这种对自然形态的入侵,造成山地城市景观的破坏,进而使得山地城市景观"千城一面",本质上这是地域文化特色和城市精神个性的消亡(图 1.7)。

图 1.7　地域特色消亡示意

3)二元化结构导致空间体系发展不平衡

在山地城市,同样存在着城市经济与小农经济,于是就出现了经济发展上的不平衡,这就是二元化结构的体现。二元化结构主要是二元经济结构和社会结构。二元经济结构通常是指以社会化生产为主要特点的城市经济和以小农生产为主要特点的农村经济并存的经济结构,这也是发展中国家经济结构的突出矛盾。城市内部二元社会分割体现在不同身份的人享受城市公共服务的先后有严重区别;在空间方面,大量"城中村"的出现便是其表征;在劳动力待遇方面,体现在劳动力市场上的分割和歧视;在生活方式方面,流入的外来劳动力与城市户籍居民之间存在的生活方式差异,必然导致城市空间体系发展的不平衡。

1.3.2　山地城市与城市形态研究

1)聚集与分散

每个城市随着发展都会经历由分散到聚集,然后再相对分散的形态演变,最终寻求一个动态的平衡(图 1.8)。这种城市形态的变化归根结底都是为了适应发展,以山城重庆为例,它的聚集与分散主要受"自主组织"与"被动更替"两者的共同影响。

自主组织体现在随着社会的不断发展,人口、经济、自然环境等因素对城市形态自然而然地产生影响。开始受到物品交换利益的吸引,出现交易市场,产生局部聚集效应。随着规模的不断扩大,经济越来越发达,开始出现不同的经济体,各种各样的活动要素自主组织到一起,也就产生了城市。城市不断成长,发展到一定程度时,就会产生

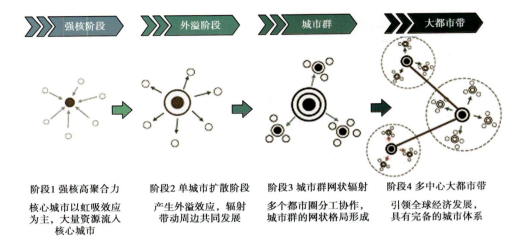

强核阶段	外溢阶段	城市群	大都市带
阶段1 强核高聚合力	阶段2 单城市扩散阶段	阶段3 城市群网状辐射	阶段4 多中心大都市带
核心城市以虹吸效应为主,大量资源流入核心城市	产生外溢效应,辐射带动周边共同发展	多个都市圈分工协作,城市群的网状格局形成	引领全球经济发展,具有完备的城市体系

图 1.8　城市的聚集与分散

过度的聚集,交通开始拥堵、环境逐渐恶化,城市需要新的出路,会慢慢分散到周边,寻求新的营养点,建立起新的中心。这些就是自主组织更替聚集的过程。

被动更替主要体现在城市建设受战争、政府等外力干扰所进行的城市开发。这包括很早之前修建的军事城墙、开埠后的城市格局及新中国成立后计划经济影响下的城市建设(计划经济下的单位制社区)。

因此,在城市完成"集中与分散"的进程之后,就会进入一个相对平衡的发展时期,同时山地城市会呈现出有机多元的空间形态。

2)多中心组团

多中心城市格局是霍华德"田园城市"的核心构想,每个城市都有相应理想的人口规模和完善的功能,多个城市组合在一起协调发展。这种空间形态结构与一般城市的单中心加卫星城或仅仅多中心结构不同,它能有机地分布在山水之间,形成一个生态环境好、组团之间相对比较独立又相互扶持、整体和谐发展的有机城市形态。这种多中心组团结构在山地城市有两大优势:一是灵活性很强;二是该结构能很好地适应复杂地形地貌。这些优势为山地城市打造出合理的框架,有利于山地城市建设的健康发展(图 1.9)。

山地城市的多中心组团有效地缓解了单一中心的人口及交通压力,改善了中心的环境质量,各组团内部相对平衡,满足生活需求。多中心组团结构会形成大疏大密的空间形态,将绿色系统植入这些疏密有致的空间中,就可以创造出合适的绿植景观。当山地城市发展到更高水平时,就可以在多中心组团的附近开辟副中心组团,进一步分散中心城市的压力,完善城市的功能,建立一个和谐共生、优势互补却相互分散的结构体系,为未来新城创造条件。

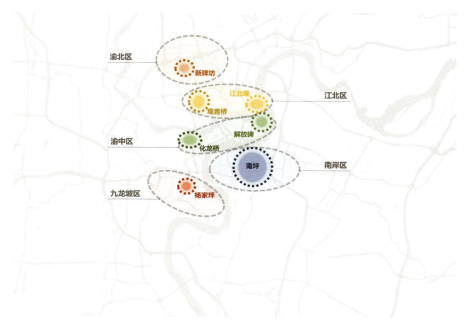

图 1.9　城市的多中心组团（以重庆示意）

3）立体多样

山地环境的复杂多变让城市空间呈现出立体多样的视觉界面。每个山地城市都有自己独特的环境特征，虽然随着生产力的提升、科技的发达，对环境的改造也不断增多，但本土的环境特征是不会改变的。城市依托在自然塑造的山水本底之上，展现出浓厚的气息，也成就了自身的地域特色（图 1.10）。

图 1.10　城市的立体多样

　　山地城市给人的第一感觉就是有层次，自然起伏的环境使城市形象立体多变，不能一眼看尽城市的内容。空间布局也更加灵活，它不同于平原城市的方正，从山地城市的古老街巷就能感受历史的变迁，亦能体会城市的文脉。街巷作为社会发展所遗留的产物，它像一个带形的舞台，展示着过去的繁华与百态。山地城市的步行老街串联起小院、公园、树林，最终沿着溪流向下游延展，自然而有趣地生成一个立体的空间网络，成就了山地城市建筑、生活与环境相融的美好空间。

　　上述是山地老城的景象，如今的新城多是中心组团式布局，各组团间建筑疏密有致，顺应山体，层次丰富优雅，形成山地城市特有的景象，概括起来就是与自然密不可分、多层次、多视点和多变化。在组团内的山地城市综合体中，竖向空间是其主要的构成空间，是城市综合体空间设计的重点，也是空间组织的核心部分，它直接影响各功能的形态和人的体验。山地城市综合体的竖向空间起到协调多种复合型使用功能的作用，以及提供和融合城市公共空间、复合城市交通系统重要功能的作用。

1.3.3　山地城市的主要出行方式

　　山地城市的复杂地形与其脆弱的生态环境难以完美地布局城市道路，导致道路网密度不够，不能满足所有居民的汽车出行需求。这时就需要利用各种公共交通工具协调运作，这些不同的交通应合理结合自然环境，以生态学的手法，在融入环境的同时，协调交通与土地利用，并有效解决山地城市城镇化可持续发展的问题。

　　有了各种交通工具后，人们又该如何选择出行方式呢？对山地城市居民来讲，影响其方式选择的主要有内在和外在两种因素。内在因素主要是居民自身，包括他们的年龄、性别、收入以及不同的职业等；外在因素主要是居民的居住位置、城市路网状况、不同交通设施的覆盖程度等。内在因素对于影响山地城市和平原城市居民出行方式的选择上，产生的差别不大。而外在因素可能是造成山地城市居民与平原城市居民出行方式差异的主要因素。

　　外在影响因素中，城市路网状况与城市居民的出行方式选择有着更直接的关系。在城市路网十分健全的情况下，居民一般都会选择最方便自己出行的交通方式，比如说轨道线网非常发达，可以到达想要去的每个地点，居民选择的概率就非常大。对于山地城市，地形地貌等自然环境会限制交通设施的布局，比如想从桥上到桥下的某个地方，如果开车可能会花费五六分钟才能绕下去，但乘坐电梯几十秒就足够了，这就产生了不同的交通空间需求，进而影响居民出行方式的选择。以下是山地城市的几种不同交通方式。

　　1）轨道交通出行

　　山地大城市人口密度高，用地紧张，道路建设受限因素多且资源紧缺，因此建设轨道交通会得到更好的政策保障（图1.11）。对于民众而言，轨道交通有以下几大优点：

图 1.11　山地城市轨道交通示意

①安全:地铁和轻轨一般都深埋在地下,有的会架于地面以上,是一个相对独立的运行环境。此外,轨道交通被设计成双线体系,与地面交通相互分开,使其运营变得十分安全,而且可全天候运行。

②准时:轨道系统拥有独立安全的运营环境,可以避免绝大多数的交通阻塞和交通事故,轨道交通的准时率能达到 98% 以上。

③快速:安全地确保轨道交通车辆能以一个比较快的速度运行。一股地铁车辆的设计构造速度为 80 km/h,运行速度控制在 35 km/h 左右,而地面公交车辆的运行速度很难达到 25 km/h。

④舒适:轨道交通车站和地铁车厢都设计有空调系统,冬暖夏凉,每个轨道站点的设计风格还有所不同,令人耳目一新。而且轨道交通运行过程十分平稳,地面公共交通很难做到这一点。

⑤节能:城市轨道交通车辆采用电动车组,以绿色电能作为发动力,而城市地面车辆大多数以柴油或汽油为能源,也出现了许多尚未普及的油电混用或纯电动的汽车。根据科学实验,电能与车辆的机械能之间的转换效率为 60% ~ 70%,而燃料转换为车辆机械能的效率只有 25% 左右,两者差距相当大。通过数据了解到,每一单位轨道交通系统运输量所消耗的能源仅为地面公共交通汽车的 3/5,而私家车所消耗的能源是轨道交通的 6 倍。因此,轨道交通是现代城市的节能型交通。

2)地面公交出行

为方便居民出行,在城市及其郊区布设有经济、便捷、环保的交通工具,这些交通工具共同组成城市地面公共交通系统(图 1.12)。山地城市地面公交除了出租车、公交汽车等常规公共交通工具外,还有室外梯道、过江缆车等具有山地特色的公交设施。

图 1.12　山地城市地面公共交通示意

　　山地城市地面公共交通系统远逊于同等规模的平原大城市,主要原因是受限于水系和地形等自然环境因素,极大地影响了其线路布设和站点设置,布设较少就会导致地面公共交通服务水平不足,服务范围也会偏低。山地城市居民地面公共交通出行方式的选择可以从以下方面进行分析:

　　①山地大城市的各个组团之间距离较远,根据 2021 年重庆市居民出行调查发现,居民在各组团之间的出行比重达 30% 以上。由于组团间大都采用桥隧通行,建设成本高,路网密度低,采用私家车在组团间通行大都超过 1 h,而公共交通通勤时间控制在 1 h 内,居民往往会选择后者。

　　②山地城市受限于自然地理环境,其地形起伏导致道路坡度大、路网弯曲、路网密度偏低,致使私家车出行性价比不高,中远距离出行的居民选择公共交通出行的意愿增强。同时,公共交通承载力大,对于山地城市的低密度路网显得尤为重要。

　　3) 非机动车出行

　　在平原城市会看到各式各样的共享单车,人们可以扫码骑行,非常便捷。对于居民而言,一般来说,范围在 1 000~5 000 m 都是可以接受非机动车出行的,花费的时间一般在 20 min 左右。而山地城市非机动车的使用会大大低于平原城市,主要原因是:

　　首先,山地城市地势不平整,纵坡大,非机动车有天然的劣势,骑行不仅吃力,还十分危险,而且由于山地的原因,相比起始点直线距离,非机动车需要绕行的距离较远。在城市的各组团之间出行,距离又比较远,非机动车没有公共交通便捷;只在组团内部出行,步行的优势又大于非机动车,导致非机动车出行的意义不大。

　　其次,由于非机动车的需求量很小,而且道路纵坡的原因给非机动车带来很大影响,出于安全及实际需求考虑,山地城市在进行道路建设时,很少预留非机动车道,进一步被动地降低了非机动车的出行需求。

4）私家车出行

山地城市居民选择私家车出行的主要因素包含两个方面,一是居民的收入水平,二是居民是否有私家车,这两个因素是相互关联的。除了这两个因素,山地城市私家车出行方式还与城市规模和城市路网结构有一定的关联。

此外,山地城市私家车出行选择与其他类型城市私家车出行选择的影响因素有较大差异。由于道路弯多坡陡,非直线系数大,私家车出行起讫点的距离增长,绕行增加,使得山地城市私家车日均出行距离和出行时间较一般平原城市长（图 1.13）。在组团间,由于交叉口的不规律性,会对出行时间产生影响,但在组团间的快速通道,一般私家车行驶横向干扰小,相对行驶速度会比在组团内部快。

图 1.13　山地城市私家车交通示意

5）步行出行

山地城市受地形影响,道路设计得蜿蜒曲折,而山地城市的步行道和普通道路不同,它不受限于转弯半径、坡度等因素,步行道会依山而建,依水而生,自然而惬意。因此,山地城市的步行道一般和车行道关联性不大,甚至独辟蹊径,单独建设,形成具有特色的步道系统。影响山地城市居民步行出行的因素主要包括组团功能和规模、天气条件、步行设施的完善性及居民的年龄、出行距离和目的等。

根据山地城市的地形特点（连绵起伏、高差等）,在步道系统内合理设计电梯、扶梯、梯道等设施,提升步行品质,以满足步行人群的不同需求（图 1.14）。

图 1.14　山地城市步行交通示意

在平原城市,一定距离范围内步行与非机动车交通还存在交替使用的情形。但山地城市的道路系统却不适合非机动车使用,变相地增多了步行人群的比例。由于交通路网建设受限,一些公交站点和轨道站点会与居民的居住地或工作地距离较远,加上非机动车的缺失,使一部分居民的步行距离被不合理延长,形成一定的弊端。但是随着绿色出行的倡导以及人们健康意识的增强,步行出行已经得到大众的认可,成为一种潮流。

总结一下,山地城市步行交通具有以下特点:

①高可达性。山地城市的步行交通网络一般非常完善,步道景观、休憩平台、行人座椅等配套设施齐全,人行天桥和地下通道的建设使步行交通四通八达,高可达性不言而喻。

②高效性。步行方式与其他交通方式相比,它所占用的城市道路资源更小,使用的人群比例却很大,实现了高频率、高效率的运作模式。

③有限性。步行是绿色健康的出行方式,但其缺点是不能长距离出行,一般服务半径在 2 km 左右,超过这个距离,居民对步行方式的选择会大大减少。

1.3.4　未来设计研究框架构想

1）职住平衡

未来职住平衡示意如图1.15所示。

城市形态、基础设施和土地利用状态及规划：
如就业中心、混合土地使用

和具体交通模式相关的因素：
不同交通模式意味着不同的出行时间和通勤区范围

个人特征：
婚姻状况、性别、职业、收入、年龄、房屋租住状况、驾照、小汽车拥有状况等

职住平衡
&
通勤效率

出行特征：
如出行时间、出行链、通勤在全部出行中的比例

制度因素：
如单位大院、单位住房供给制度等

职工技能、空间和种族不匹配：
如高技能工人居住在市中心，而大量低技能工作在郊区

图1.15　未来职住平衡示意

就业和居住作为一个城市快速而稳定发展的重要因素，如何平衡它们的关系，显得尤为重要。一般的理想关系是区域内二者达到平衡，即就业的岗位刚好满足居民劳动者所需求的量，也就是可以就近工作，建立起15 min生活圈，提高人们的生活质量。职住平衡的理念最早可以追溯到霍德华的"田园城市"，它能有效地减少人们对汽车、公交的使用，城市拥堵问题就能得到很好的解决，空气污染也会有所改善，也能减少许多不必要的资源浪费。如何做到职住平衡，对城市规划具有指导性意义。

就规划建设新型小镇的职住平衡来说，需要计算建设用地与人口的匹配性，将居住与就业所需的土地面积及可提供的就业岗位数量进行平衡预测建设，若后期职住与预测有差异，就需要通过人才引进、土地混合开发等多项策略来让片区达到平衡状态。

2）立体交通

平原城市的交通道路系统平整且四通八达，但仍面临着交通拥堵问题，平地交通尚且如此，交通发展受限于地形地貌的山地又该怎样找到自己的出路呢？真的就不能够优化山地城市的交通吗？答案是否定的。

规划大师希尔伯塞莫曾提出将平面交通设计成人行交通和车行交通分开的立体交通的构想（图1.16）。而立体交通作为一种新型的交通体系，就目前来说，它对于山地城市交通是最好的体系构想。

图 1.16　未来立体交通示意

首先充分利用现有且能利用的道路资源,将单层道路立体化地设计为多层交通道路体系,每层道路按汽车种类分开运行,主要分大型车辆道路、小型汽车道路及非机动车道路。这种立体的多层交通道路需要一体化设计,一般的设计原则是下部宽敞,上部狭窄,大型车辆在下面运行,小型车辆在中部运行,非机动车在最上层运行,达到一个重量或舒适度都相对平衡的运行体系。按照这种分层方法,常规的做法就是地下层运行大型车辆,地面层行驶小型汽车,非机动车安排到地上,也就是空中。

当然这种立体交通道路体系建设的投资非常大,需要分步进行,从无到有,慢慢地形成组团间的连接,最后实现城市内完整的交通网络体系。

立体交通体系与传统地下和高架道路不同,它需要多层一体化设计,机动车道一般都是封闭式设计,内部采用现代技术,利用自然通风及采光,一定程度上降低了成本。安装现代设备,实现交通自洁、降噪减排,做到可视化的交通管理。立体交通体系还需要配备综合管廊系统,确保一体化的完整性。

对于空中的非机动车道,一般设计小型的电动公交车道、自行车道及部分人行街道(视周边环境而定)。地面小型车道一般需要保证快速性通过,需要对临时停车位置、道路交叉口等进行科学合理的布置,以保障城市交通的畅通。地下大型车道一般设置中大型公交车、客运车等公共服务型车辆,也就相当于有了自己的公共专用车道,保障了公交优先的运行原则,人们也会因为它的快捷、经济及环保而更愿意乘坐。

立体交通体系一旦建成,一种以公交为主导,家庭汽车及非机动车配合使用的绿色交通模式就会形成,城市交通不再拥堵,人民的幸福感将大幅提升,美好城市将不再是愿景。

3）城市绿廊

对于拥有良好山水本底的山地城市，更需要做好环境优化。城市绿廊作为环境改善、绿色建设的重要手段，引导着城市的空间规划。优秀的城市绿廊设计，都会结合一些重要的城市景点，塑造城市的文化、格局，让城市更加具有生命力，并增添城市的文化魅力（图1.17）。

图 1.17 未来城市绿廊示意

城市绿廊的规划设计需要遵循以下几个原则：首先是地域性，城市绿廊的选址可以结合城市的重要河流或者山脉，自然保护区、风景区、旅游度假地或是简单的森林公园，但其设计的内容必须结合每个城市所特有的人文遗迹、传统民俗等有代表性的文化资源，突出城市的地域特征，彰显文化魅力，这样才能避免出现"千廊一面"的尴尬局面；然后应本着生态经济的原则进行设计，充分利用现有资源（植物、水体和山丘等），尽量避免开挖、破坏，构建完善的小生态体系；最后是注重以人为本的设计原则，城市绿廊要为城市居民提供一个健康的活动场地，内部主要以慢行交通来组织流线，避免机动车的不安全因素。

城市绿廊是一个庞大而烦琐的工程项目，只有当它完全融入人们的生活，与城市建筑、交通等一切融合，才能更好地展现城市特色。

4）多样性

山地城市的地形地貌丰富多样，城市建筑的接地空间内容表达同样多样化（图1.18）。接地形态主要是指自然基面与建筑或城市的连接关系，根据空间特性和接地形态可以分为覆土式接地空间、架空式接地空间、地面式接地空间3种类型。由于山地城市的特色气候和地形因素，这3种接地空间形式均存在，为山地城市提供了空间活力。覆土式接地空间将地上空间形态引入地下,形成丰富的垂直空间组织,山地城市坡地较多,为处理好不同的地形,很多接地界面覆于地下;架空式接地空间形成城市空间冗余,扩大城市原有的空间属性,满足人们的多重空间要求,使城市空间设计具有灵活多变性,山地城市的台地界面连接常会出现架空空间,架空的接地空间为城市的弹性设计提供了可能;地面式接地空间使城市与地面直接接触,山地城市的台面处理尽可能让城市接地界面与自然面接触,便于交通流线组织。这3种不同的接地界面空间处理,为山地城市丰富多样化空间提供了支撑。

图 1.18　未来城市多样性示意

　　山地城市独特的地理和人文文化导致城市的规划布局和交通组织表达多样。山地城市的地理地貌变化大,山地较多,适宜建设用地较少,气候变化大……诸多因素使得山地城市的规划布局与平原的规划布局不同,大多依山而建或建于山脚处,有自己独特的城市韵味和文脉气息,整体上表达多变。山地城市的交通体系为顺应地形地貌,组织的形态也呈现多样化,有步行体系、公共交通体系等,居民选择丰富。

　　山地城市的自然生态多样化,适宜当地气候的城市设计方法多样。国家高度重视绿色生态工作,习近平总书记说过"绿水青山,就是金山银山",山地城市本身就是一座大金矿,绿色生态是它的主要特色之一。城市和建筑在进行设计时,要考虑当地的生态和气候问题,应符合当地的生态和气候目标。山地城市适宜气候的设计方法有很多,在了解了当地气候的不利和有利因素后,设计只需扬长避短即可。绿色生态问题主要是解决城市设计的声、光、风、节能和居民舒适性等问题,在这些问题上采取被动式节能设计,如有传统的天井院落设计、吊脚楼接地层处理、台院式布局等,也有现代的适应山地微气候的空间形态布局等。总之,山地城市在绿色生态设计上的方法有很多,可以为人们提供更加舒适的居住环境。

5）弹性空间

城市的发展离不开规划，但外在环境一直在变化，充满着不确定，城市规划需要为这些不确定因素预留一个弹性空间，以保障未来城市的建设和发展。这种弹性空间主要从 3 个方面进行：第一空间弹性，在给每个片区、每块土地划定功能的同时，需要科学合理地预留白地，促进城市的再次更新，完善其结构框架；第二规划指标的优化，如在重大城市基础设施用地上进行指标优化；第三规划时序，需要根据现实的发展需求，合理调整规划建设的时序。

这种弹性空间的预留需要进行科学的探讨、理性的判断，并考虑多种因素，如土地价值、未来调整的空间大小等。在目前未确定的区域，坚决留白，以保证规划的前瞻性。

对于城市弹性空间的预留白地，根据不同的区位及规模，可以分为功能补充、更新改造、发展机遇及城市边缘四种类型。功能补充型主要是满足未来功能空间不足的补充用地，优化完善城市的功能残缺。更新改造型主要是一些现状价值不高的闲置用地或产业类型待升级的土地，需要未来更新升级，优化地块结构及产业，提升土地价值。发展机遇型是指那些区位好、资源充足却未开发的预留土地，为未来城市的重要项目、重要产业做好预留。城市边缘型一般指无开发计划的城市外围，一般为城市功能拓展做好预留。长远来说，预留白地是城市规划的必备需求，且白地的土地价值潜力巨大。它需要我们从源头做好把控，将战略留白正确引导到规划的每个细节，从而使城市健康有活力地发展下去。

但我们又该如何去把控，并做好战略留白呢？这时，建立一套完善的管控机制就显得十分必要，需要在政府的主导下，明确管控和实施方式，从而做好战略留白。

首先需要存好地，将预留白地提前规划布局，并进行资源入库管理。每个城市需要从自身发展需求出发，结合功能空缺，做好准确预留；然后完成白地资源入库，交于政府把控，合理设置监督体系，为存好地打下坚实基础。对于那些已经规划的战略留白资源，建议由政府主导把控，收储起来，防止由于利益驱动，导致白地的局部建设，以致一步步被侵占建设。

然后控制战略留白的过渡性使用。原则上，白地不能用于经营建设，但可以在整体把控的前提下，进行合理使用，发挥土地价值。如用作城市绿地、城市公园、公共停车场地、体育休闲等公共空间。如此在过渡期间白地不再是一片荒地，而是形成城市公共服务配套设施或生态环境等，且不会影响未来的规划发展。

最后在政府的审批监督下，合理启用战略预留白地。依据前期城市规划的大方向，结合实际需求，给予预留白地合理的产业或者基建设施。

科学有效地规划会得到最大的收益，弹性空间的设置使城市能不断适应新的变化，解决发展过程中出现的各种问题。

第 2 章　国内外 TOD 发展思辨

2.1　国外 TOD 发展综述

2.1.1　北美 TOD 发展历程

1993 年美国学者彼得·卡尔索普提出以公共交通为导向的城市发展（Transit-oriented development，TOD）模式，在规划界产生了巨大影响，这种模式能够有效缓解城市交通压力及无序的城市蔓延，减少资源浪费，保障城市理性增长，可持续发展。这种发展理念的关键在于拥有非常完善的公共交通系统，在交通枢纽及沿线进行高容积率开发建设，合理布置产业及步行交通系统，营造出宜居、宜业、宜游的城市空间。

其实，在 19 世纪末，埃比尼泽·霍华德就提出了"田园城市"的概念，这是一种兼具城市与农村优点的理想化城市，在一定圆形范围内，把控人口，并有农业、工业、市场、公园及学校等功能。1929 年，规划师科拉伦斯·佩里创建"邻里单元"理论，这些都为 TOD 理念的生成打下了坚实基础。随着社会的发展，科技的进步，美国城市有了空前发展，但是也出现了小汽车带来的城市拥堵问题。于是政府和城市规划部门开始关注公共交通与城市开发的关系，TOD 规划理念开始登上历史舞台。一个理念的提出与实施有着理想与现实的巨大差距，这种差距需要时间慢慢磨合，最终才能实现。以下用时间卷轴，对美国 TOD 理念的发展分为 5 个阶段进行解析。

1）20 世纪初期：以土地开发为导向的公共交通

20 世纪初，美国的交通和经济发展模式促进了 TOD 模式的萌芽。美国地广人稀,为便于商人流动和经济发展,科技的进步促使公共交通开始出现地面有轨电车。19 世纪末至 20 世纪初,美国许多大城市陆续建设地铁,在此期间有轨电车成为主要的交通手段。由于美国的私有制度,土地大多掌握在富人手中,作为有轨电车和服务用地的土地也毫不例外。商人们为谋求郊区土地的利润最大化,通过发展公共交通系统来联系城市中心区和其他次中心区,在人流的作用下使得众多有轨电车车站成为商业集中点。在这种模式下,以土地开发为导向的公共交通发展形态开始出现,成为 TOD 模式的萌芽形式。美国大城市老城区的空间形态受早期 TOD 模式影响颇深,出现了地区分散结构形态,工作区、生活区和交通区分区明确,所有的功能联系靠有轨电车,导致生活不便,造成了不同社会阶层的隔离。

在交通工具不断更新下,小汽车开始进入每家每户,汽车所带来的噪声污染、交通堵塞和交通安全等问题引起了人们的注意。公共交通对城市形态的影响开始受到冲击,以交通枢纽站为核心发展周边居住、工作、商业等功能的开发模式慢慢瓦解。在此背景下,科拉伦斯·佩里考虑到适应机动交通而带来的城市规划结构的变化,创建了"邻里单元"理论,强调以学校为核心组织城市规划用地,将人车交通体系完全分离,形成部分车流量较少的大街区,保证传统街区的内部安全和环境安静。"邻里单元"理论的提出让城市规划适应了汽车业的发展,也让居民对公共交通更新下的城市公共空间消退和城市蔓延的抵制没有那么强烈,提高了城市的活力。虽然这一概念对TOD 发展模式产生了一定的冲击,但"邻里单元"中出现的"土地混合利用""基于街区尺度的用地组织"等概念,为 TOD 理念的形成奠定了理论基础。

2)第二次世界大战后:小汽车导向下的公共交通发展

第二次世界大战后,公共交通系统出现危机。乘客乘坐公共交通量大幅下降,此外,小汽车数量的急增及居住和商业购物郊区化的发展,都对美国的公共交通运输市场产生很大冲击,许多铁路运输系统被迫停运。美国公共交通运输系统已经不再主导城市的发展。

为了缓解日益严重的私家车拥堵状况,渐渐地许多大城市又重新重视公共交通运输系统,并且希望以此解决城市发展中的其他问题。如维持城市中心区的主导地位、降低私家车的使用量和尾气排放、减少环境污染和提高空气质量、促进区域协同一体化发展、创造现代大都市城市意象等。公共交通也就成为缓解城市交通矛盾的重要手段,但公共交通设施的规划设计是与私家车交通设计一体化考虑的,如公共交通站点与停车场位置一体考虑,在站点旁设置大量的停车场,便于居民换乘交通工具。此时的公共交通运输系统发展并不承担引导城市发展的功能,而是为了解决城市交通问题。

公共交通运输系统虽然在城市内逐渐承担重要角色,但它们大多数没有完成预期规划目标。1989 年美国联邦运输局的公共交通评估显示,华盛顿的公共交通运输实际承载量相对较高,但也只达到预期客流量的一半。同时,公共交通运输系统并没有提高公共道路旁的土地利用率,开发程度低的土地仍存在于枢纽站周边,土地开发并没有与公共交通运输系统产生耦合关系。在这一时期内,私家车的使用和公路建设仍是城市交通的主旋律,公共交通运输系统只起辅助作用,并未对土地开发起到重要作用。

3)20 世纪 90 年代初期:同公共交通相关联的土地开发

私家车的通勤和大规模的公路建设大大加重了政府的交通财政负担,同时带来许多问题。另外,城市的不断扩张大大降低了公路运输效率,居民的通勤时间和成本都在增加。

美国政府为了限制人们对私家车的使用,分别在 1990 年和 1991 年通过了《清洁空气法》和《提高公路运输效率法》。此时,政府和运营商意识到轨道交通系统可以提高轨道沿线的土地利用价值,于是公共交通开始逐渐回暖。他们重点开发交通枢纽站周边土地,并在圣地亚哥、华盛顿和波特兰等城市获得成功。然而,这种经济收益最佳的土地开发模式不一定会给周边社区带来最有利的效益和发展,它并不是真正意义上的 TOD 模式。但不可否认的是,这一时期的 TOD 发展模式为后来以公共交通为导向的土地开发模式提供了实践基础和经验教训,如协同运营商、交通部门和城规部门等不同利益者之间的关系。

4)20 世纪 90 年代后期:以公共交通为导向的土地开发

为应对交通模式更新中产生的负面影响,美国许多城乡规划者积极寻找出路,试图研究出一种更加科学和可持续的城市发展模式。20 世纪末,TOD 模式迅速发展。彼得·卡尔索普在 1993 年正式系统地提出 TOD 的概念和设计要点,并提出一套详细的实施准则,著写了《下一代美国大都市:生态、社区和美国梦》。城市规划研究者塞弗在 1997 年提出 TOD 模式的"3D"原则,即 Density(密度)、Diversity(多样化)和 Design(合理设计)。同年,塞弗与科克尔曼通过研究"3D"原则与交通需求之间的联系发现,高密度、土地利用多样化和城市行人导向设计能显著减少居民出行行为,并对人们选择非机动车出行有着促进作用。另外,在 1998 年,美国颁布了《21 世纪交通公平法案》,提高了居民选择公共交通的积极性,也为整合规划交通与土地利用提供了相应的法律基础。在此之后,TOD 理念开始受到广泛关注。在这一时期,TOD 模式作为社区发展的积极模式被广泛推广。

在 TOD 模式被广泛推广中,美国各城市确定了 TOD 合理空间尺度。TOD 合理空间尺度是以公共交通车站为中心,以一定的距离为半径进行圆形服务区划分,此服务区域内应包含公共设施、居住、零售、商业和办公等,此半径也是居民能接受的合理步行时间内的行走距离。美国许多城市根据自身城市发展和居民行为习惯等分析确定了自己城市的最佳 TOD 合理空间尺度。

20 世纪末,美国政府大力支持 TOD 发展,为 TOD 开发提供城市管理和土地政策的支持,从而使公共交通车站周边土地能高密度、集约化利用。政府的相关政策鼓励包括奖励容积率、土地利用分区管制、停车管理优惠策略、减税等,这些政策提高了开发商对交通车站周边土地开发的积极性。同时,运营商和相关政府主管部门的积极运作也是 TOD 成功的关键因素。

5)21 世纪初:以公共交通为导向的城市综合发展

21 世纪初,TOD 理念开始与城市发展策略相融合。TOD 理念整合城市发展目标,从而推动以公共交通为导向的城市综合发展(图 2.1)。美国提出精英增长的概念,希望通过紧凑社会组团,充分利用原有的基础设施,其中就包含城市边界增长、TOD 发展模式和城市内废弃地再更新等措施,希望利用交通的多样化和住房选择的多样性等来抵制城市的低密度蔓延。TOD 模式充分考虑交通和土地再利用的问题,作为城市精英增长的重要内容之一,对城市的健康可持续发展起到了极大的促进作用。

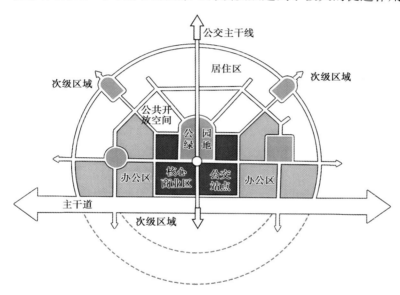

图 2.1　美国以交通导向土地开发示意

从 20 世纪 90 年代后期到 21 世纪初期,TOD 模式不断被实践和发展完善。2004年加州理工大学和加州大学一起调查研究了 1992 年到 2003 年加利福尼亚州实施TOD 模式对交通出行的影响,通过研究发现 TOD 模式对经济、社会和环境等方面的潜在影响颇大。在经济方面,减少了家庭交通支出,降低了家庭生活成本,公共交通客流量增大,减少了政府公共设施建设支出;在社会层面,促进了传统邻里复活,缓解了富人与穷人的空间隔离,减少了通勤时间,改变了生活方式并改善了生活品质;在环境层面,私家车使用减少,尾气排放减少,空气质量提高,土地资源紧凑开发,节约了土地,保护了自然生态空间。因此,TOD 模式增加了交通出行选择,丰富了居民的生活方式,对社区活力的复苏起到了促进作用,缓解了以小汽车发展为导向的城市发展所带来的交通拥挤和城市污染等问题,推动了城市的综合发展。

近年来,在各新兴城市理念的产生和推广中,TOD 理念与它们互为补充,诞生了许多 TOD 新兴理念,如与可持续城市结合成绿色生态 TOD、生态社区营造 TOD和区域规划整合 TOD 等新兴理念。这些理念丰富了 TOD 的内涵,并与城市设计和管理等领域的相关理论结合,实现学科交叉,使 TOD 理念在城市设计中的作用越来越明显。美国在宏观尺度的空间规划上有效实施 TOD 理念,在微观尺度上将 TOD理念与生态绿色社区营造等相结合,这是新兴理念在实践上的一个重大挑战。同时,TOD 开发商与政府、私家车拥有者之间的利益博弈和 TOD 的基础支撑等问题也备受关注。

2.1.2 欧洲 TOD 发展现状

1) 瑞士斯德哥尔摩

瑞士斯德哥尔摩作为欧洲低碳城市的代表,曾被评为欧洲的"绿色之都",同时它还是欧洲 TOD 的典范(图 2.2)。斯德哥尔摩 TOD 以星状进行规划,它从市中心向四周发散,建设小型卫星城,通过轨道交通将卫星城与中心城完美串联在一起,合理有效地实现了人口划分,减小了中心城的压力,实现了单中心向多中心的城市形态转化。

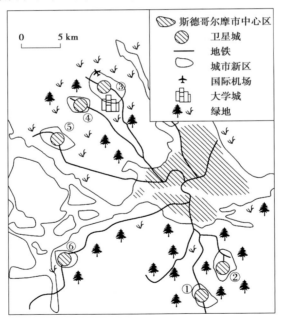

图 2.2 斯德哥尔摩示意

斯德哥尔摩对中心城和卫星城的轨道交通站点及周边进行立体多样化开发,形成了商业、办公、居住及休闲为一体的功能布局。值得一提的是,斯德哥尔摩 TOD 十分注重公共休闲空间的建设,一般会围绕站点预留很大的空间进行设计,在此过程中会保留原有的城市肌理和人文景观,提升每个站点特有的辨识度,结合公共绿地及慢行系统,形成舒适、绿色且有活力的公共场所。

2)丹麦哥本哈根

哥本哈根借鉴 TOD 模式,规划出一种独特的"手指"形态,又称"指状城市"(图 2.3)。其实形成指状也是一种偶然,哥本哈根核心城为了缓解压力,开始沿着周边射线交通轴进行混合开发建设,一条条城市带刚好与手掌的手指相似,就有了"指状城市"的说法。

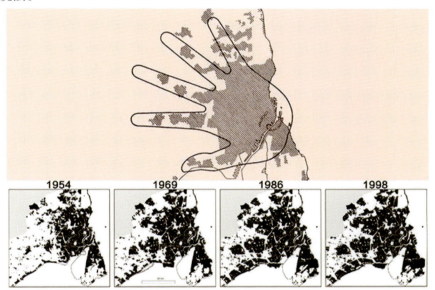

图 2.3　哥本哈根城市规划示意

这种沿交通线紧凑开发的新城能与中心城更为紧密地联系在一起,以中心城的城市能力带动新城,使新城土地价值得到巨大提升。同时,新城土地的混合开发,完美解决了片区内部的生活需求,保证了城市的良性运转。

哥本哈根十分重视城市公共空间,强调大面积的绿地及大规模的公共社交空间。于是,"手指间的指缝"提供了这样的城市空间,通过设计城市绿廊、绿地公园等增添空间魅力,吸引居民来此体验,提升居民的幸福感。

2.1.3　日本 TOD 发展现状

日本作为一个岛国,土地资源紧张是其难以解决的问题。为缓解城市建设用地的紧张,解决交通堵塞难题,日本政府在 20 世纪 50 年代引进 TOD 发展理念,在政府的大力推动和民营力量的相互合作下,通过规划整合,将土地效益最大化,日本也成为全球 TOD 模式发展先进的国家之一。

东京将 TOD 理念运用到极致,其 TOD 的发展与轨道交通密不可分,到目前主要分为 3 个阶段:第 1 个阶段称为扩张期(1910—1945 年),那时以市中心为核心,铁路建设的私营企业开始由中心向四周发展铁路事业;第 2 个阶段是东京 TOD 的快速发展阶段(1950—2000 年),因为泡沫经济的刺激,城市中心区域已经难以满足大规模的建筑物建设,这时出现了沿轨道线路的城市开发建设;第 3 个阶段是集约化发展阶段(由 2010 年发展至今),主要是对老旧轨道站点的城市再更新,将建筑容积率再度提升,并一体化建设商业、住宅、办公及公共服务设施,使站城更加融合,城市经济更加发达。

1)东京站 TOD

东京站作为东京的城市标志,站点的西侧是以历史特色为主的皇宫以及三菱地所开发地,东侧则以未来城市为特色。东京站 TOD 将历史、商务、环境、旅游等一体化建设打造,充分体现其集约性。为了解决人流过多的问题,在站点南北向设计 3 条地下通道,保障步行安全。

东京站最为成功的是合理运用容积率转换,在东侧出口处,将原来的旧会馆大楼拆除,并将这部分容积率转移到周边。将增加的容积率进行开发和出售,并将得到的建设资金反哺车站和城市建设。周边的建筑形成超高层塔楼,塑造出更好的城市界面(图 2.4)。

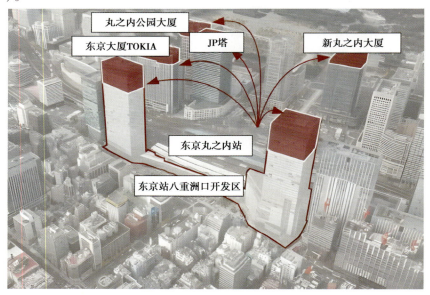

图 2.4　东京站 TOD 规划示意

2)涩谷 TOD 兴起

东京为迎接 2020 年奥运会及残奥会,进行了新一轮城市开发。涩谷位于日本东京都,它的周边共有 9 条轨道线在此交汇,分别包括 JR 山手线、埼京线、东急东横线、田园都市线、京班井之失线、东京地铁银座线、半藏门线、副都心线,每天换乘客流量超过 300 万人次,可以说在东京,涩谷站是仅次于新宿站的第二大交通枢纽。

（1）涩谷设计愿景

涩谷站 TOD 中心地区将广场、道路及沿街商业整体打造,坚持以人为本的设计理念,利用涩谷的优质山水环境,创造独特的景观,设计出与环境相融合、满足不同使用人群需求的舒适空间。具体通过以下策略实施:

①传播涩谷文化——创造"生活文化",宣传涩谷形象;

②减小热岛效应——利用山谷的空间,巧妙运用绿植及水体;

③设计连廊系统——加强建筑之间的可达性,突出一体化;

④以人为本——重新组织交通流线,强化交通节点,形成安全舒适的步行环境;

⑤建设安全城市——以枢纽设计和街道更新,强化城市安全和防灾机能;

⑥彰显涩谷风貌——利用广场、斜坡路及沿街商业形成特有景观;

⑦共同开发——鼓励多方参与,政府与私营合作共赢。

通过上述设计策略,从而实现涩谷 TOD 的兴起（图 2.5）。

图 2.5　涩谷 TOD 垂直城市的典范

涩谷站 TOD 周边区域的功能定位主要有观光和文化交流、社区服务、创意产业服务、国际商务服务及商业五大类别,基于这五大类别,分别采取不同的引导策略:

①观光和文化交流功能:以特色的空中连廊、城市广场、购物空间及文化资源吸引人流,设计宜人的交互停留空间,促进游客与当地人的交流,结合多种语言的旅游指

南,积极引导海外游客。

②社区服务功能:建设多样性的居住和住宿空间,提供优质的生活服务设施,如运动设施、活动广场、游乐公园等,实现理想中的生活状态。

③创意产业服务功能:举办有趣的创意活动(音乐、走秀、电影等),引入先进文化产业,促进片区创新产业的建设。

④国际商务服务功能:建设高端办公楼及交流会议场所,促进地区活力的国际交流。

⑤商业功能:以商业提升涩谷活力,将新商业与原有商业连接起来,形成完整的沿街商业面及地下商业空间,有个性、有魅力的商业街、展示场及概念店是新建商业的必备条件。

(2)涩谷交通系统

①重新布局交通枢纽设施,建设公共交通换乘中心。

对现有轨道车站重新规划布局,改善之前因地形、道路等限制不能解决的区域,再次整合复杂交通流线,提高轨道的使用效率。具体是将私铁东急东横线迁入地下,实现与副都心线的相互直通运转;为合理组织动线,减少流线交织,将地铁银座线和山手线站台岛式化;原埼京线与山手线站台换乘距离为 350 m,将埼京线站台迁移至与山手线站台并置,最大程度减少换乘距离。

通过规划调整,扩大现有交通广场,拓宽现有道路,让区域交通更为通畅。规范设定立体广场范围,规整外部形式,增加交通使用面积;整体考量公交车终点站上下客区域,形成安全快捷的公交换乘体系;拓宽国道 246 号线(将原来的 33~44 m 拓宽为 45~50 m),汽车交通更为顺畅。轨道线、广场及道路的整合,使得涩谷站线路之间换乘更加便捷合理,大大提升了轨道的效率,也加强了轨道交通与其他公共交通的换乘便利性。

涩谷站 TOD 目前完成的部分已经构建出地上地下的无缝连接,交通枢纽正在悄然成型并茁壮成长。

②城市回廊,创造出适合步行的慢行空间。

舒适安逸的步行廊道由多层立体步行网络构成,通过轨道枢纽和公交系统,以及私有商业街区的一体化建设,利用地上 4 层交通平台和地下交通动线,用电梯和扶梯连接成一个垂直交流核,连通地铁车站、地面、连廊、空中走廊。这些电梯和扶梯布置在主要的步行网络节点、交通换乘节点及城市广场的垂直复合空间,也就形成所谓的小“城市核”,它们共同组合在一起,就形成大的“城市核”。伴随交通枢纽的调整,整合梳理分散在各层的对外、对内轨道交通设施,保障周边步行网络的连续性,就能将分散在各层的乘客通过“城市核”输送到周边地区。

(3)涩谷景观风貌

除了在枢纽中心形成涉谷站最重要的标志性景观外,还充分考虑周边 4 个重要景观点,强化"剧场性"的城市形象,以符合涩谷文化发源地的定位。同时,充分考虑枢纽、枢纽广场和周边城市空间的视线联系,以及从上方落到枢纽和枢纽广场的视线通廊与各种活动的联系。在周边地区,充分挖掘与涩谷站相连的每一条街道的特色,形成涩谷特有的街道景观。此外,"城市核"和门户广场的形象设计既要考虑独特性和可识别性,又要与周边地区景观协调,同时还要考虑绿色空间轴和水空间轴的延续性,规划绿化、水、人行活动场所为一体的绿色滨水空间。

3)二子玉川 TOD

二子玉川 TOD 作为近郊城市开发的典范,将城市到自然进行自由切换,成为东京最美生活据点,具有很高的借鉴研究价值。二子玉川这片郊区原来是日本铁路公司开发的游乐场,后在 1985 年进行拆建和重新开发。它位于东京世田谷区,该区域人口较多,紧邻涩谷站和新宿站,有几条轨道线路交会于此,而且有多条城市干道到此,交通便捷,给片区带来大量人流。在 TOD 开发之前,东急大井町线与田园都市线之间需要出站换乘,改造后同层换乘,实现无缝对接,更为便捷。

二子玉川 TOD 综合体的总开发面积达到 11.2 hm^2,是东京最大的私人开发项目。它以交通枢纽带动开放式住区,强调建筑与交通、自然的融合;由一条800 m动线将地铁站、商场、公交站、室外商业街、高层住宅区和郊野公园流畅连通,实现了由城市到自然的过渡;建筑之间通过大平台和连廊巧妙地与自然结合,以购物中心为主,形成多主题的休闲生活空间;商业街以一层商业体验为主,屋顶花园具有多功能性,如部分可用于农业。综合体强调人与自然的和谐共处,旨在建造一个适合下一代生存的环境(图 2.6)。

图 2.6　二子玉川 TOD 示意

2.2　国内 TOD 发展综述

2.2.1　国内 TOD 发展历程

我国由于城市发展过快,也面临着交通拥堵、环境污染、土地开发不完善等一系列问题。如何才能更好地解决这些问题呢?需要全局把控,做好顶层设计,由政府牵引,从规划、土地、产业、交通、建设等各个方面打造框架,有序实施。TOD 模式的规划理念正好适合我国城市的现状,并且城市的轨道交通正值大力发展之际,合理地运用这一模式,能缓解交通压力,还能给站点周边的开发建设带来新机遇。

TOD 理念大约在 20 世纪 90 年代开始被我国学者研究探讨,近几年,随着研究的深入及一些实际项目的运用,使得该理念日趋成熟。下面归纳整理出我国 TOD 发展的几个阶段,并对不同阶段的理论研究进行简要概述,见表 2.1。

表 2.1　中国 TOD 理论研究发展历程

时期	阶段	理论研究
1990—2000 年	TOD 理论起步阶段	①1998 年,田莉、庄海波:对广州的快速轨道交通建设与房地产联合开发进行研究[1] ②1998 年,何宁、顾保南:分析了轨道交通对城市土地利用的影响[2] ③1999 年,田莉:对快速轨道交通沿线的地价进行研究,并对土地利用进行探讨[3] ④1999 年,陈燕萍:对深圳的公共交通发展提出建立供需导向土地利用的建议[4] ⑤1999 年,潘海啸、惠英:总结前人经验,针对我国的轨道交通建设提出相关发展建议[5] ⑥1999 年,陆化普、张鹏:对比北京和东京的土地利用、交通结构,研究特大城市相关交通网络构成与城市交通需求的关系,提出通过这两个方面解决目前城市交通面临的问题[6]
2000 年左右	TOD 理论正式出现	①2000 年,《国际城市规划》期刊出现一篇译文,TOD 概念进入中国[7] ②2000 年,陈燕萍:阐述土地利用对公共交通的作用,指出发展公共交通导向的土地规划才能解决我国城市交通问题[8]

续表

时期	阶段	理论研究
2000 年左右	TOD 理论 正式出现	③2001 年,王缉宪:通过理论和实践介绍国外学者对土地和交通一体规划的研究进展[9] ④2002 年,蒋谦:介绍国外城市土地布局与公共交通建设的相互关系及相关策略[10]
2003 年	系统总结 TOD 概念	2003 年,马强:系统总结了 TOD 理论的产生和发展过程,并阐述了近年美国的研究现状[11]
2003—2007 年	中国版的 5D 原则	①2004 年,王祥骝、张雅琪:指出美国提倡的 TOD 理念与中国本土本质的差异性,在国内引进时需要充分理解 TOD 理念,把握实践的时机,并结合交通运输和城市发展的政策[12] ②2007 年,张明、刘菁:结合美国的 TOD 原则,总结了中国版的 5D 原则,包括级差密度、港岛式区划、豪华设计、多样选择、涨价归公[13]
2008 年至今	TOD 理论的 进一步发展	①2008 年,陆化普、赵晶:以 TOD 基本思路为基础,分析了 TOD 在中国发展的意义,从宏观、中观、微观三个层次提出 TOD 规划中的重要环节[14] ②2011 年,加州伯克利大学 RobertCervero:以世界上几个城市实际案例为引,探讨 TOD 在中国应用可能会面临的挑战[15] ③2015 年,李琎、史懿亭、符文颖:详述 TOD 的类型和结构模式,提出 TOD 中国化应用的相关建议[16] ④2016 年,王有为:分析了 TOD 理论产生的两个背景,并从 5 个方面分析中美城市差异,基于中国国情提出 TOD 模式构建原则[17] ⑤2016 年,田雯婷:运用 SWOT 分析 TOD 在中国的实施情况[18]

　　我国早期的 TOD 实践来源于城市自发性的探索和国际交流、引进。如上海、广州、深圳等地铁建设最早的城市也是较早引入 TOD 的城市,这些探索城市当时推出了地方轨道沿线综合开发规划导则等,对我国 TOD 实践具有一定的探索和指导意义。

　　目前,中国轨道技术已经相当成熟,大城市的轨道交通飞速前行,以轨道站点为基点的项目也不断在建设,却几乎没有真正的 TOD 项目。这些项目大多着眼于开发出的经济效益,忽视了公共交通和背后的城市规划,或者说仅仅是轨道站的上盖开发,关注点在于房地产。

2.2.2　国内 TOD 发展特点

1）国内 TOD 发展面临的问题

在国内 TOD 发展过程中,面临的一个最重要问题就是没有系统的政策(包括 TOD 的规划或者实施)。在前期,没有完善的政策指导城市规划及产业策划;在后期,又无法提供准确的实施细则,没有政策支撑,使项目不能很好地推进实施,从而影响落地。

其次,TOD 涉及的土地划分牵扯多方利益,土地最终定价多少,政府和社会之间又该如何去组织安排,使其达到一个平衡点十分困难。对于设计,也是一个很大的挑战。TOD 理念下的站点、片区或者小镇,甚至新城,需要大规模的城市总规调整,调整带来的路网重新规划、开发强度的变化、城市产业的植入、功能的完善等一系列问题,涉及专业过多,单独的设计单位一般难以处理,这时需要多个专业配合,包括前期的产业策划和后期的功能运营,相当复杂。

最后是 TOD 模式规划下的现实问题。目前国内的 TOD 项目很多建在新区,通常面临人流量不足的问题。人流量才能带动这些规划新区的良性发展,盘活区域内的房地产、商业、办公等市场,拉动片区经济,如果不能的话,就需要分期开发。另外,现实的建设与规划的蓝图有很大差距,建设技术、经费或者建设方改建等都会使建造出的建筑出现偏差,效果不佳。

2）国内 TOD 项目落地的要点

(1)需要做好规划设计

做 TOD 项目需要有大局观,全面考虑,不能仅仅是地铁站点的上盖开发;需要政府部门重视,制定相关政策法规,全面把控设计范围、总规调整,对土地划分、地价设定、施工建设等进行全过程监管,保证规划及落地质量,督促项目顺利推进。对于这方面,成都市就有很好的管理实施条例(《成都市人民政府关于轨道交通场站综合开发的实施意见》)可以借鉴。

(2)确立责任主体

首先,责任主体需要保障城市、投资商及运营商等多方的利益平衡,达成合作共赢的目标。从多方面考虑,认为城市轨道交通部门是最为合适的,它能很好地协调组织资源,统筹各方能力。在此前提下,与有经验的社会企业充分合作,以先进专业的技术能力完成专业的事,实现共赢。

(3)有序的项目推进

TOD 项目需要政府的牵引,相关部门配合实施,才能合理有序地推进。在前期的 TOD 规划、产业策划时,就需要投资商及运营管理方介入,实现合理的功能配比。在规划整合之后,片区土地价值得到提升,就需要让设计蓝图开发落地,把控开发质量,统筹开发时序,使项目有序推进。

第3章　TOD 属性与特点

3.1　交通的便捷性

3.1.1　TOD 交通引导发展的基本概念

随着经济的发展,城市土地紧缺问题日益突出,城市交通向可持续方向发展已是全球共识。轨道交通作为一种快速、大运量的交通方式,对城市空间、土地开发起优化和引导作用,是在未来城市发展中发挥主导地位的公共交通发展模式。公共交通导向型发展(transit-oriented development,TOD)模式通过土地利用和交通设施,特别是轨道交通的有效整合,促进交通设施得到有效利用和发展,抑制潜在的小汽车交通需求,提高居民对公共交通的依赖性,既避免了土地利用过分集中的弊端,又避免了以汽车为中心的城市的过度分散,是优化城市空间结构的重要手段。

我国许多城市已建成的轨道交通盈利的并不多,有价格、组织换乘的原因,但更深层的原因是轨道交通周边城市空间开发不匹配,土地利用情况和空间使用情况没有结合 TOD 模式进行可持续开发,导致轨道交通的发展没有对城市空间起引导作用。因此,基于 TOD 的轨道交通对城市空间的影响是轨道交通建设必须考虑的因素之一。

TOD 模式最初产生于美国,是"新城市主义"的代表思想和开发模式之一。随着美国经济和道路建设的发展,小汽车曾一度成为美国的主要交通工具,但是带来的弊端是深刻的、明显的:城市土地极大浪费,交通拥挤不断加剧,城市重心活力衰落,环境日益恶化。因此,城市土地高效利用、公共交通发展导向的开发模式被提出。TOD 开发模式是指以公共交通站点和中央商务区为核心的土地混合开发利用,将居住、商业、办公、公共空间和公建设施合理配置在适宜步行的范围内,从而使居民和就业者在不排斥使用小汽车的同时更加方便地选用公交、自行车或步行等多种出行方式[19]。

3.1.2　TOD 交通分类

1) 轨道交通

轨道交通作为一种新型的公共交通,其特点是快速、准确、运量大、占用地面空间小,在公共交通中所占的比重越来越大,已形成主导地位,因此轨道交通作为公共交通导向的主力将是未来城市发展考虑的重要因素[20]。城市轨道交通站点为全封闭式、固定站点,站点设立之后不能更改,因此站点周边的客流和土地开发态势将影响轨道交通是否盈利。实践表明,土地利用状况是影响交通出行量的决定性因素,交通设施的供给能力和服务水平会从根本上改变土地本身的可达性条件,而可达性的改变则会提升土地价值和开发的吸引力。因此,基于 TOD 的轨道交通发展和城市空间、土地利用是相互联系、相互影响的,轨道交通是 TOD 交通的重要因素。其线路和站点的布置及运行影响着城市空间形态和未来空间的发展方向,对居民就业、居住的空间分布和规模大小会产生较大影响,也会导致城市空间布局结构和形式发生重大改变。东京是亚洲最早开通运营地铁的城市之一,轨道交通已运营总里程合计超过 2 500 km,其中东京地下铁公司运营的线路(图 3.1)约 358 km,JR 公司在东京都市圈运营的线路(图 3.2)约 1 117 km,东京都市圈内私铁运营的线路(图 3.3)约 1 147 km,轨道交通成为东京市民出行的首选方式,出行占比高达 76%。

图 3.1　东京地下铁公司运营的线路图

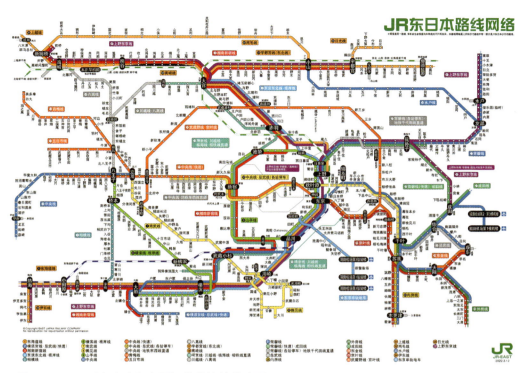

图 3.2　JR 公司在东京都市圈运营的地铁线路图

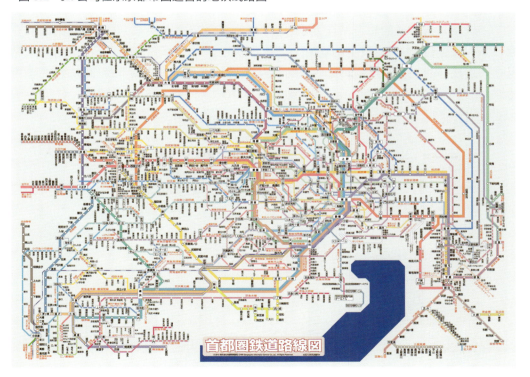

图 3.3　东京都市圈的私铁线路图

轨道交通站点通常分为"重点站"和"一般站"。重点站是指同时有几条轨道线路换乘的站点，或者同时有高铁站点、公交车站点换乘的轨道站点。一般来说，重点站的客流量较大，承担着较大的换乘需求，其周边的土地价值较高，商业价值也较高。如重庆的重庆北站，既有高铁线路，又有两条轨道线，还有公交车站场、长途汽车站；又如重庆轨道南坪站，既是两条轨道线的换乘点，也是公交车始末站，它们均处于城市中心，两个站点不论是地上空间还是地下空间均实现了与周围商业综合体的整体打造（图 3.4）。

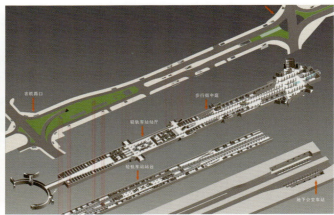

图 3.4　重庆轨道南坪站

一般站是指普通的轨道站点，该站点可与地面公交站点换乘，有时与周围的商业综合体有效连接，实现流线上的连通。如重庆轨道 3 号线嘉州路站，既与地面公交站点有效连接，同时与商业综合体连接，可以从轨道站点直接进入商业综合体，提高了可达性，促进了该区域商业的发展，同时也提高了该地块的商业价值（图 3.5）。

图 3.5　重庆轨道 3 号线嘉州路站

2）道路交通

道路交通简称"交通"，是指车辆和行人在道路上的流动和滞留等一系列活动，有时也包含停车。本书的道路交通是指行驶在路面的交通系统，主要包括公交车、长途汽车及小汽车。在 TOD 一体化设计中，应逐步弱化小汽车功能，以此减少小汽车大量使用造成的城市拥堵现象，同时鼓励使用公交车、长途汽车。在 TOD 项目开发中，通常会考虑公交车、长途汽车与其他公共交通的换乘关系，实现快速便捷的换乘；重视公交车站、长途汽车站的位置设置及出入口设置，尽可能方便、快速、便利；着重设计公交车、长途汽车的流线关系，使其高效、快速，实现站点与站点间的有效运输与换乘。

TOD 道路交通规划包括公交路网规划和公交枢纽规划。公交路网规划是指在现状路网情况下，结合 TOD 模式的基本概念进行规划。根据客流服务对象和所衔接公交枢纽的等级，公交路网可分为一级线网、二级线网、三级线网。一级线网是指城乡快速公交、中心城区公交的线路；二级线网是指城市各区域之间及各片区内部公交的主要线路；三级线网是以公共交通枢纽为中心的补充线路，设置的目的是使 TOD 社区边缘的居民更容易到达枢纽。公交枢纽可分为两级：一级枢纽主要实现城乡快速公交与中心城区公交衔接，作为市域性的公交换乘枢纽，具有统领各级枢纽发展的核心作用；二级枢纽实现城乡快速公交（或专属公交）与二、三级线网的衔接，主要承担各个片区内的公交客流的中转、集散和换乘。重庆都市区道路网规划如图 3.6 所示。

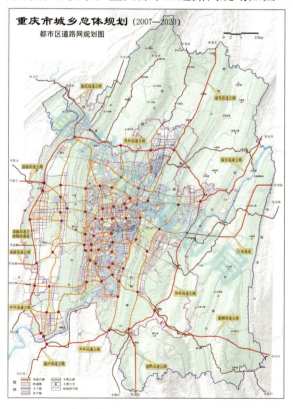

图 3.6　重庆都市区道路网规划图

3)慢行交通

TOD 模式以 400~800 m(步行 5~10 min)作为 TOD 有效影响边界,形成以轨道交通站点为中心的环形放射状路网,突出步行为主,注重对人的关怀。土地开发上强调混合功能的实现,注重公共空间以及良好生态环境的塑造,极大提高了整个社区的可达性,而这种可达性不仅仅是交通机动性的提高,更是便捷、舒适的生活、工作空间的实现。TOD 模式以步行、自行车交通为主,同时实现了多种交通方式的"零换乘",是现今条件下交通通达性的最好表现,也是对土地高效、合理利用,将更多空间还给城市的最好方法。

以日本涩谷 STREAM 大厦、涩谷川改造开发为例,该项目重视环境修复及步行系统的打造,整合了新的步行空间,创造了新的回游流线(图 3.7)。涩谷 STREAM 大厦通过二楼天桥、JR 涩谷站南出口、三楼的东西自由通路连接城市核到地下二层的涩谷站,不仅克服了涩谷特有的谷地缺陷,还形成了四通八达的地上地下一体化无障碍立体交通网络[21]。

图 3.7　日本涩谷川治理后的河道

3.1.3　TOD 交通设置原则

TOD 开发的基本原理包括发展模式、空间结构与尺度、开发密度、设计原则及评价等方面[22]。典型的 TOD 一般由以下几种用地功能结构组成:公共交通站点、核心商业区、办公区、开敞空间、居住区和辅助区域。在一定的空间尺度范围内,保证土地开发的密度和功能的多样性是 TOD 模式成功的重要因素。因此,TOD 的交通设计原则有以下几点:

①土地利用紧凑,支持公交系统。即提高核心区的土地容积率,增加开发强度,实

现土地价值的提升,集中换乘区域,实现各类公交系统的高效换乘。

②以土地混合利用为主,近距离满足日常需求,体现 TOD 的交通优越性。尽可能复合利用土地,实现功能的混合,满足人们日常工作、学习、医疗、休闲、娱乐的需求,在TOD 一体化设计的核心区将商场、学校、医院、公园绿化、各种娱乐场所有机组合在一起,充分体现 TOD 交通高效、便利的优势。

③从以人为本的角度出发,实现步行、自行车交通为主。重视整个空间的可达性,充分考虑 400～800 m 步行的舒适性、体验感,注重整体环境的打造,为人们提供方便、舒适的城市环境。

④创造以建筑和邻里活动为中心的高质量公共交通空间。打造交通空间的节点,提升空间品质。

⑤鼓励沿交通走廊的临近地区进行填充和重新开发。TOD 一体化设计常伴随城市功能的更新与重建,通过一体化设计,对城市功能、交通发展、产业定位进行整体考虑。从时间上来说,立足未来 10 年、20 年对轨道交通沿线的区域进行重新开发,为城市注入新的活力。

如日本的涩谷站,通过车站地形断面图可以看出它是一个谷地,是一个高差变化较大的地块,其东西南北 4 个方向的高差都不一样。因此,因地制宜地修建了一个地下一层到地上四层的立体空间步行系统,通过立体的城市盒实现上下之司步行体系的贯通。涩谷站步行空间系统由地铁车站、地下通道、地面、空中连廊构成,各处都有指示标,帮助行人在地下空间便捷到达办公楼、商场等地。同时,连接空间中也不乏便利店等小型商业单元(图 3.8 和图 3.9)。

图 3.8 日本涩谷站人行空间示意图

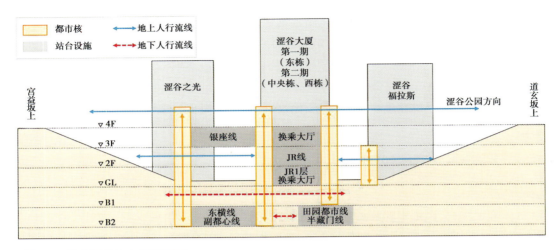

图 3.9　日本涩谷站空间关系图

以涩谷站为中心对周边超 100 万 m² 的街区进行再开发,共分 3 个区域。中心区域的 3 栋标志性建筑——涩谷未来之光、涩谷大厦、东急蓝塔大厦与下方的 9 条线路形成超大换乘立体广场(图 3.10 和图 3.11)。

图 3.10　日本涩谷未来之光片区空间示意图

图 3.11　日本涩谷未来之光片区换乘关系示意图

3.2　功能的互补性

TOD 功能互补主要是指 TOD 内部不同圈层之间、不同功能之间的互补关系,相互协同,共同发展。

3.2.1　TOD 功能定位

TOD 一体化开发区域采用开发高密度住宅、商业、办公用地,同时开发服务、娱乐、体育等公共设施的混合用地模式[23]。以 TOD 模式进行开发的城市轨道交通枢纽和站点,一般情况下,距离站点越近,商业开发比例越高;距离站点越远,住宅开发比例越高。其中,商业开发类型包括大型综合商业、一般零售业、金融保险业、娱乐餐饮服务业、旅游及游憩服务业、会议及工商展览中心、事务所及工商服务业等。

例如,日本的新宿以中央大型综合交通枢纽为核心,西部是高密度商务办公区,南部和东部以商业、娱乐为主。新宿的发展得益于快速交通的完善,它处于两条重要干道的交叉口上(图 3.12)。

图 3.12　日本新宿功能分布图

3.2.2　TOD 功能布局

1）TOD 圈层属性

在轨道站点周边功能布局的研究中,圈层理论始终占据主流,城市功能被布局在紧邻站点的"第一圈层"或"核心区"内。近年来,深圳、广州、沈阳、杭州等城市及珠三角地区的规划均受 TOD 圈层影响较大。圈层布局的目的是按照不同区位关系优化片区的功能配置和强度形态。影响 TOD 圈层划分的主要因素包括以下几点:

（1）步行尺度

步行尺度对圈层划分影响较大,主要是从集中的交通换乘点向外延伸的尺度,其距离越近,圈层属性为"第一圈层"或者是"核心区";其尺度越远,圈层越远。

（2）用地功能

高效的公共交通能带来大量人流,因此以商业、公共设施类为主,常列入"第一圈层"或者是"核心区",为高效交通区域提供大量的公共设施。各类站点一般会在半径150~200 m 的核心区域内布局商业办公混合用地、公共交通用地、公共开放空间和公共服务用地,随着圈层的扩大,居住功能的比例逐渐提高。住宅类常列入"外部圈层",作为"第一圈层"的补充,为人们提供优质的生活环境。此外,核心圈层的功能布局受到重视,如日本东京三大副都心新宿、涩谷和池袋地区,轨道站点周边 200 m 内是商业设施集中设置的重点区域。图 3.13 所示为日本涩谷十字路口现状图。

图 3.13　日本涩谷十字路口现状图

（3）级差强度

"第一圈层"开发强度通常最大。一般情况下,开发强度随着与交通换乘核心区的距离,依次向外递减。但在实际案例中,影响 TOD 开发的关键指标也会受人文环境、土地功能等的影响。

（4）地价分布

与极差强度、步行尺度、用地功能相呼应,"第一圈层"地价往往最高,越靠近核心区地价越高,越远离核心区地价越低。

其中,步行尺度是核心要素。站点的流量、步行的可达性是影响圈层属性的重要因素。在实际建设中,除了上述因素外,TOD 的圈层属性同样受站点流量、空间关系等众多因素的影响,常常不是呈线性递减,城市功能在高铁、轨道站点周边的建设规模和分布方式呈现不同状态。在一定发展条件下,城市功能发展总量有限,需要合理配置资源,区分近、远期建设顺序,有序进行资源投入。

2）TOD 圈层布局

在 TOD 一体化开发区域,用地功能的公共性和混合性会随着与站点距离的增大而逐渐减弱。核心区结合站点进行高强度、混合功能的一体化开发,布局商业及公共服务设施;在站点周边地区,靠近最外圈层建设较高强度的住宅区、公寓区作为支撑。

3）TOD 圈层关系

TOD 外部圈层和核心圈层之间是统一的整体,应基于整体的差异化功能进行发展。核心区的高密度复合商业是以高密度的人流量为基础的,在此,通过轨道交通的连接,可以实现工作、生活、娱乐的一体化需求。而外部圈层,在有效步行可达范围内,建设高密度的住宅、公寓等,与其土地利用价值相符合。

外部圈层与 TOD 核心区既是一个整体又相对独立,在一定程度上依赖于站点中心地区的带动,也强调差异化发展,不宜与站点地区的服务功能进行竞争。基于整体视角的差异化功能发展是 TOD 核心区与外部圈层协调的重要内容,同时外部圈层是一个相对独立的功能板块,其内外边界的划分依赖于 TOD 地区自身空间边界的界定以及站点的影响能级。TOD 核心区与外部圈层的功能差异通过公共服务功能的集聚度和混合度的差异体现出来,相关规划往往会对 TOD 地区,特别是核心区的公共服务功能的总量、类型和混合度提出相关要求,从客观上已经对 TOD 核心区与外部圈层的功能差异进行了明确。

“第一圈层”高强度的布局支撑着公共交通,也是 TOD 一体化开发依托公共交通为导向的城市开发的具体体现。混合的功能满足了人们日常衣、食、住、行、休闲娱乐的基本需求。外部圈层随着与站点距离的增大,用地功能公共性、混合性逐渐减弱,以高强度住宅、公寓为主,配合合理的、少量的社区配套用房,与“第一圈层”互相支撑。

其中,TOD 地区区位价值最直接的表现是地价,地价按照距离站点的远近形成规律性分布,这也成为确定合理圈层结构的重要参照。以深圳轨道交通二期的物业开发为例,物业地价总体随着与站点距离的增大而减少,办公物业地价变化的节点分别是 100 m、200 m、400 m,住宅则是 200 m、300 m 和 500 m。同样以深圳为例,依据地价和地块距站点距离两个因素确定轨道交通影响半径,随着与地铁站点距离的增大,商业地价下降明显,住宅地价相对平稳,总体上在 250～300 m、600 m、1 km 三处有较明显的突变。

此外,TOD 核心区与外部圈层的关系如同相互咬合传送动力的齿轮,在促进轨道站点地区发展的同时,也为周边其他地区的发展提供动力。因此,外部圈层的规划建设应重视重要资源节点和开发潜力地区与轨道站点的空间联系,将 TOD 外部圈层的重要建设地区与 TOD 核心区开发统筹考虑,从而实现 TOD 地区与周边地区的整体开发。日本多摩地区的轨道站点规划中,除了划分为“业务商业市街地地区”和“复合市街地地区”以外,也会在外围更大尺度的区域选择开发潜力较大,且远期通过道路交通优化能够与站点地区形成紧密联系、功能设置上具有一定独立性的节点,作为“重点展开区域"进行开发,以带动外围地区的发展。

3.3　资源的聚集性

3.3.1　TOD 土地集约型

TOD 模式的目标之一是通过提高密度来增加土地的使用率。研究表明,距离轨道交通站点相同距离时,高密度住宅区的公交出行比例比低密度住宅区高 30% ~ 40%[24]。TOD 模式强调对土地的综合利用和开发,以经济效益为核心,按照经济价值原则形成的是中心商业区、办公区、外围居住的"类同心圆结构"。这种类同心圆结构实现了土地的级差密度开发,合理的开发引起土地升值,进一步加剧城市轨道交通站点附近区域的高密度开发,从而导致土地"从地下到地面,从地面到地下空间"的立体开发倾向,成为紧凑城市的典型区域。以中国香港九龙为例,在 13.5 hm^2 的土地上建筑面积达到 120 万 m^2,带来空间立体化和步行立体化,区域内部地面作为城市活动基面,还有地下城市活动基面和空间活动基面,从而构成城市的"立体空间"(图 3.14、图 3.15)。

图 3.14　中国香港九龙站片区现状图

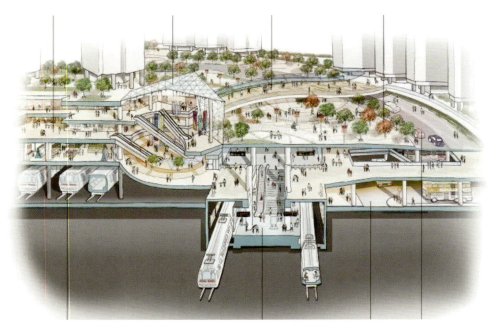

图 3.15　中国香港九龙站片区换乘关系图

3.3.2　TOD 商业密集型

TOD 模式的特点之一就是核心区的商业密集型。通过高密度的商业布置吸引大量的人流,促进区域公共交通发展,同时以此提高该地区的土地价值[25]。不同的商业模式、类型满足人们不同的消费需求,既满足了"衣食住行"各个方面的需求,又能带来极好的经济效益。例如,日本涩谷以涩谷站为中心对周边超 100 万 m² 的街区进行再开发,目前核心区域为涩谷车站街区,由 3 栋复合商业建筑构成,涩谷未来之光、涩谷站大厦、涩谷 stream 大厦与地下 9 条线路形成超大换乘立体体系(图 3.16)。

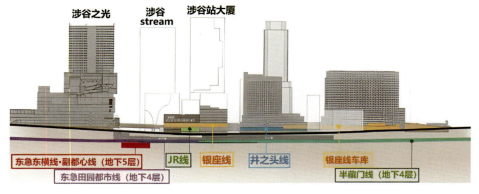

图 3.16　涩谷车站街区剖面示意

1）TOD 商业密集型提升轨道交通利用者生活的便利性

通过轨道站点周边或者换乘枢纽周边商业的密集布局，缩短站点乘客向附近区域移动的步行距离，轨道交通乘客的购物活动将变得更加便利。此外，轨道站点周围的开发规模通常都比较大，会吸引各等级、各类型的承租商入住，从而吸引更多的顾客。

2）TOD 商业密集型提供第三滞留空间

通过在轨道站点内部及附近设置生活便利设施（生活用品零售店、流行商品信息宣传栏、托儿设施、公共服务站点等），使得日常生活被有效融入 TOD 中心。公共交通空间从单纯提供出行服务的场所变成能提供生活空间的一部分。另外，轨道站点周边还可提供餐厅、音乐厅、美术馆等，这些都是促使人们驻足停留的城市生活空间。该地区作为家和办公之外的停留、休闲空间，将其称为"第三滞留空间"，极大地提升了城市开发的潜力。

3）TOD 商业密集型提升城市形象

企业在选择办公地点时，会考虑交通便利性、租金、办公空间等；商业承租者还会考虑步行者的流线和店铺前通过的步行人流量，以及这个开发项目吸引客流的能力和项目整体的社会形象，而 TOD 商业密集型能满足上述需求。TOD 一体化开发承担着城市更新、提升城市形象的使命，从空间、外观上带给城市不一样的体验，并由此带动站点周边地区设施使用者素质的提高，从而提升站点、城市的整体形象。与此同时，在枢纽站强大的集客能力和良好的品牌形象下，该地区的整体地产需求将获得增长，不仅仅是站点周围，在其城市周边也会产生新的城市开发活动。

3.4　产业的支撑性

TOD 一体化开发应从城市角度出发，充分考虑城市产业的发展。首先应从城市角度进行产业策划与定位，TOD 一体化开发和城市产业是相辅相成的关系[27]。TOD 一体化开发对城市产业的准确定位能带动片区经济甚至是城市经济的发展；强而有力的产业支撑能推动 TOD 一体化开发的顺利进行，为其提供强劲的基础支撑。

3.4.1　TOD 引导核心区产业转型与发展

城市轨道交通建设带来的产业模式增值首先表现在土地价值的增长上，地价的增值效果是一个较长的过程。一般来说，随着城市轨道交通项目的规划及建设，项目产生的地价增值会以曲线形式逐渐呈上升趋势。土地用途及周边环境都发生了巨大变化,TOD 模式影响该区域的商业用地的地价增长。TOD 核心区一般以高密度、高强度商业为主,因此 TOD 一体化开发引导核心区的产业转型与发展成混合功能的商业产业。

3.4.2 TOD 引导城市近郊工业区产业转型与发展

20 世纪 90 年代中期以来,我国大都市中心城区的土地区位效益大幅度提升,城市发展空间日益狭小,近郊区开始成为城市发展的重点。在这种背景下,郊区城市化成为我国城市化的一种主导模式。我国大都市的近郊区一般都是早期建设的工业区,随着工业区的衰落及城市产业结构的调整,第三产业及公共服务等逐步加强,原有的工业职能向远郊区发展。而近郊区则从城市环境、产业结构等方面逐步转型成新的综合发展区,远郊区进而承担近郊区的角色。TOD 一体化开发模式给类似地区注入了活力。

例如,广州市黄埔区作为大都市近郊的工业区,在广州工业发展中扮演了重要角色,也引导了一座工业型城市地区的形成。近年来,黄埔区内外环境正在发生变化,广州地铁 5 号线的建设以及黄埔区房地产的迅速增长,使黄埔区开始由近郊工业区向综合服务型城区转变,成为加速广州市郊区城市化进程的范例(图 3.17、图 3.18)。郊区城市化是由来自离心、向心的以及本乡本土的各种力量导致的乡村地域向城镇地域的转化过程,其中交通、通信等基础设施条件的改善是郊区城市化发生的一个重要条件。近年来,北京、上海、广州等积极发展轨道交通,为加速郊区城市化进程创造了条件。

图 3.17 广州市黄埔区实景图

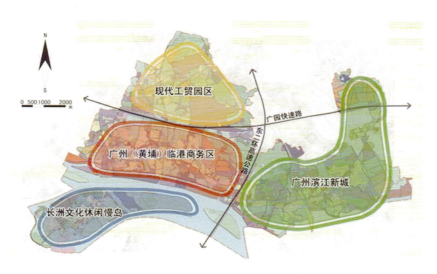

"北二南三、一岛三区"产业空间布局

图 3.18　广州市黄埔区空间关系图

国外轨道交通发展成功的实践表明,不能将轨道交通作为一种改善城市交通的公益性基础设施,更重要的是要将其作为引导城市发展的工具和手段[28]。

3.4.3　TOD 引导产业发展策略

1)TOD 升级产业体系,形成特色产业链条

TOD 一体化开发应基于当地产业的发展特征,从产业链条、产业特色和产业环境等方面提出产业发展策略。

①完善产业链条。在 TOD 一体化开发过程中依托现有产业基础,从政策、制度上与当地及其他工业园区实现上下游产业的分工与联动发展,形成特色新型产业链。

②强化产业特色,提取现有产业的独特性发展循环经济。例如,可依托现有环保企业技术资源及新型能源项目打造环保产业园区,形成低碳绿色的循环经济示范区。

③优化产业环境。在 TOD 一体化开发过程中充分考虑服务配套、科技研发、投资孵化等生产型服务产业,塑造多元产业生态,最终形成以绿色循环经济为特色的新型环保产业集群。

2)优化 TOD 产业的空间布局,实现多元融合发展

结合产业定位与环境特色,在 TOD 一体化开发过程中,应强调产业的空间布局,重视对景观、人文、环境的塑造。从空间上合理分布各类建筑,既要保障产业重点布局、产业创新服务,又要保障配套生活服务功能。

3)改善环境风貌,塑造宜人空间

在环境方面,重点塑造街道与绿化空间,形成窄路密网、慢行优先、生态宜人的花园小镇风貌,吸引人才的聚集与产业的入驻。绿化空间的塑造应强调多样化与系统化。

4)预留轨道交通站点周边建设密度

以公共交通站点为核心形成高密度的开发,实现居住与就业的平衡是 TOD 模式的一个重要目标。以广州市黄埔区为例,根据对黄埔区的中心区——大沙地及其周边地区的调研,轨道交通 5 号线站点周边 500 m 范围内的户籍人口密度目前约8 000 人/km。当然,我国的人口情况与国外有较大不同,某种意义上这个数据并不能成为 TOD 建设的一个硬性指标。

5)土地混合利用的有序化,增强居住和就业的便利性

根据"精明增长"理念,土地混合利用可以为居民提供便利服务,减少小汽车出行,增强社区活力。同样以广州市黄埔区为例,轨道交通 5 号线黄埔区规划段范围,地上物业区域商业使用比率为 67.58%,其他为居住和行政办公等,底层商业特征明显,混合利用程度高。但过于混合和无序化混合也是我国大部分城市近郊区土地利用的特征。轨道交通 5 号线开通后,短期内可能会出现站点周边土地更加混合的现象,但在 TOD 土地级差价值规律的作用下,这种混合利用会随着规划建设管理制度的健全而变得有序,为居住和就业提供便利。

3.5 生态的协调性

3.5.1 TOD 与生态环境

1)TOD 与城市可持续发展

TOD 的发展应与生态环境相协调,需从城市的可持续发展出发,协调经济、社会来建立环境与社会的和谐关系,通过成熟的设计理念及方法进行设计,消除 TOD 一体化开发过程中对环境的负面影响。

TOD 能够实现对城市可持续发展的生态设计的可能。TOD 对于城市群来说,能够实现有机协调和紧凑式发展,它既不是典型城市社区的发展模式,也不是新城市主义的典型发展模式。除了 TOD 的这些优点外,它还有保护生态环境和河岸带的潜在作用,整合高品质的公共空间,使公共空间成为建筑朝向和邻里生活的焦点。根据这些理论,TOD 和绿色城市主义的结合可以促进协同效应的探索,如重庆龙湖光年项目(图 3.19、图 3.20),整个项目的空间处理上"为城市作出贡献",地下串联交通,地面分强度进行土地开发,多层级商业圈,集约空间,减少对私家车的依赖,以此实现 TOD 的

可持续发展。

图 3.19　重庆龙湖光年效果示意

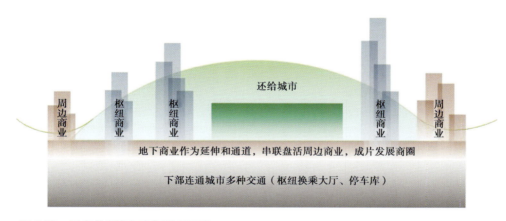

图 3.20　重庆龙湖光年空间关系示意

　　同时,车站西南侧为 17 hm^2 的沙坪公园,用连桥将沙坪公园与项目上盖平台衔接,用连续的屋顶花园将沙坪公园的绿色通过公共空间引入基地内部,打造一个贯通项目的绿色城市走廊,也成为营造舒适城市空间的催化剂。

　　2) 与生态相协调的模式转变与愿景

　　确定 TOD 发展目标和环境、社会与经济策略之后,应进行具体的基础设施与土地用途规划。规划需强调将土地用途与交通和环境保护与经济发展策略相结合。这一步骤的关键是以公共交通为导向的一体化开发,在公共交通周围安排适宜步行的混合用途区,增强公共交通运力,加大投资。确定车站区域与开发强度和混合程度之间的合理关系,以及主要就业中心和集中商业开发的位置。利用 TOD 来划定和填充新发展区域虽然是相对较新的理念,但却能够取得较高的成效,可以减少交通拥堵,改善空气质量,降低基础设施成本,提高生活质量。每个发展区域都应在不同类型的公共交通车站周围规划一系列 TOD 区域。

例如,日本的二子玉川站位于日本东京都市田谷区,地处新建城区组团中心,是东京急行电铁田园都市线的主要车站。站点综合开发集办公、商业、居住、公园为一体,被誉为"东京人最想居住的地方"。综合开发建筑面积约 43 万 m²。它的特点是将现代都市与田园风光完美地结合,打造开放共享的二子玉川公园,植入商业、文化、公共服务等功能,打造彰显生态价值的多元活动场景。它通过综合开发与自然景观有机结合,设置大量的屋顶花园,体现"从城市到自然"的开发理念,彰显公园城市理念(图3.21至图 3.23)。

图 3.21　日本二子玉川站综合开发总平面示意

图 3.22　日本二子玉川站综合开发实景

图 3.23　日本二子玉川站综合开发生态走廊实景

3.5.2　TOD 绿色智能化

1）TOD 绿色智能化的技术手段

众所周知,智能交通系统的产业和发展在我国非常广阔,具有很大的发展潜力。通过分析我国智能交通的发展状况,可以看出城市智能交通系统在我国持续平稳发展。近几年我国科学技术的发展,城市智能交通系统的进步,对我国的城市发展具有很大的促进作用。因此,在 TOD 一体化设计中应与绿色智能化相结合。

（1）大数据的应用

TOD 一体化设计时在交通方面应用大数据进行处理和服务,是一场关于云计算和物联网技术颠覆性的革命[30]。通过计算机控制技术以及通信技术的融合应用,智能交通系统应运而生。交通大数据处理系统的核心内容就是数据的采集、存储以及计算。TOD 区域每天都会产生大量的交通数据,而交通大数据处理系统就是对这些数据进行处理分析,挖掘其潜在的有利用价值的信息。通过对大数据的分析处理,制订更进一步的计划,促进 TOD 区域交通的发展,进一步促进城市交通的发展。

（2）集成技术的应用

作为智能交通系统功能的基础性和必要性项目,集成项目是十分重要的。目前我国 TOD 智能交通系统入口建设的主要系统工程就是交通视频监控和交通信号控制。近几年随着都市化进程的不断加快,智能公交建设也在不断扩大,作为城市智能交通系统集成项目中的重要工作之一,智能公交的发展刻不容缓。通过发展智能交通,降低了城市道路的压力,提高了人们的出行效率,保障了人们的出行安全。在 TOD 区域智能交通系统中,视频监控技术主要由电子眼、车载监控以及治安卡口、智能分析系统等组成。这些设备促进了城市智能交通系统的集成,项目建设为智能化发展提供了有力的信息资源。另一个重要的控制系统就是交通信号控制系统,信号控制的主要核心工作就是智能公交以及车辆运行。

(3)互联网与 TOD 智能交通的融合

通过互联网与 TOD 智能交通的融合,促进了城市交通管理,提高了交通管理效率,进而更好地为交通服务。通过移动运营、移动指挥、移动执法以及移动互联网产品,促进了政府对交通系统的管理。作为重要的信息来源,互联网数据可以用于分析公众的出行规律,对 TOD 交通规划的研究和发展起到重要的推动作用。TOD 智能交通系统通过互联网,可以向大众推送更加精准、便利的可视化地图服务,满足日趋多样的民众需求。除此之外,随着各大运营商的发展以及多种 APP 的研发,极大地促进了智能终端的进步和发展,方便了人们的出行。移动互联网的进步极大地影响着智能交通行业的发展,只有将移动互联网和智能交通系统进行更好地融合,才能促进 TOD 交通规划的更进一步发展。

2)TOD 绿色智能化的体现

TOD 绿色智能化的愿景是通过降低公共管理的运行成本,提高公共资源的利用。TOD 绿色智能化的主要基础领域有水资源管理、电力供应管理、卫生/废物管理、数字化电子政务、可持续发展的环境、公民的健康安全、教育、运输等。

智能交通是在正确的地点和正确的设备上获取正确的信息,以合理的方式做出与交通相关的决策,以方便市民选择更快捷的出行方式。为了实现这个目标,我们提出了通行、停车、共享、导航、能源管理等各种功能为一体的架构。

(1)批量生成大数据图形化交通

道路传感器部署在道路的每个交叉口,计算道路上所有车辆的交通信息,包括车辆数量、车辆平均速度、行驶距离等。而车辆网络则用于获取单个车辆的信息,如位置和速度。它们通过中继节点、协调器、网关、聚合器和分类器等将系统信息与互联网连接起来。第一层,即数据源层,负责数据的生成,然后使用中继节点、协调器和网关在互联网上传输生成的数据。第二层是通信层,负责将数据从车辆传输到主分析系统,从传感器传输到分析系统,并在分析系统的各个单元之间传输。第三层是图形生成层,在该层输入进入的车辆数据,生成或更新图形。接下来是图形处理层,它具有多个并行服务器,使用多种图形算法处理每个子图。然后是结果层,它组装并分析来自各个服务器的结果。在解释层和应用层,决策是根据分析结果做出的,并向所需的受众宣布。此体系结构中处理的主要功能是导航。该系统可根据现时的交通情况,确定从源头至目的地的有效路线,或向当局通报交通情况,例如道路受阻、交通情况严重、交通意外等(图 3.24)。

图 3.24　智能交通关系示意图

（2）基于云的智能城市停车服务

智能城市停车服务按一定标准部署。第一层是云层。云主要提供存储和计算服务。云平台存储停车场、车辆、用户位置等数据。下一层是 OSGiWeb 服务器层。这一层充当移动应用程序层和云层之间的桥梁，它支持在不停止服务器的情况下部署应用程序。它提供了将应用程序模块化成一个数据包的环境，这个数据包可以在环境中动态注册自己。负载均衡器在 Web 服务器之间分配请求。Web 服务器的日志通过系统收集并发送到云端。最后一层是移动应用程序层。当用户穿过街道时，应用程序（代表用户）将自动请求发送到停车场 Web 服务器，请求提供可用的停车场。服务器将根据用户的配置条件找到合适的或可用的停车场，然后使用手机地图应用程序返回给用户。这个软件架构是用来实现停车功能的。该软件架构支持 Android 操作系统。因此，以上系统提供的所有服务都使用 Android API。上述描述的基于云的智能停车场软件体系结构是智能交通系统（ITS）的重要组成部分之一（图3.25、图 3.26）。

图 3.25　智能停车场示意

图 3.26　智能停车场手机 APP

（3）多站共享车辆系统的运输系统架构

共享车辆系统通常每天由不同用户可分时租赁的车辆组成。此架构有 3 个通用组件。第 1 个组件是用户行程注册组件，它的主要任务是注册需要的车辆请求。用户如欲索取车辆资料，应前往设于各车站的登记服务站，该服务站设有非接触式读卡器及触屏显示器。第 2 个组件是系统管理组件，它以包含用户、车辆和请求信息的实时数据库为中心。这些智能代理包括注册过程、监控过程、系统操作员接口、数据记录、附加的远程处理，它还计算行程时间和距离。系统操作员接口允许系统操作员在基于地图的环境中观察每辆车的状态。所有来自车辆和登记亭的数据都可以进行分析，以获得关于用户出行行为、车辆操作和系统管理技术有效性的信息。远程系统可远程监控车辆状态，如果用户超过预先设定的时间限制，就向用户扣款，跟踪车辆以确保它们没有超过预先设定的界限。远程系统还可监控车辆发出的紧急信息及车辆到达时间，并对车辆需求进行预测。第 3 个组件是智能分享车辆组件，用于与系统管理人员通信的无线电应答器，它与汽车上的几个信号相连接，以确定电池的充电状态、辅助电池电压、里程表脉冲读数、门开/关信号、充电信号、选挡信号；它与车辆上的许多控制信号（如门锁和点火激活/关闭电路）相连接。

（4）交通拥堵的系统架构

交通拥堵的系统架构使用交通拥堵管理体系结构。它采用系统元素的多重复使用、类似功能的消除、标准操作流程的统一和集中等原则，为系统提供一个单一的集成平台。这些服务不受内部条件的限制，因此可以将其视为"黑匣子"。该系统为第三方服务提供一些信息，用于确定交通堵塞和相关地图数据。然后向多个用户提供有关交通拥堵的信息。消费者可以使用 Web 应用程序使用这些信息，包含这些接口服务的提供和消费信息，其中有 3 个核心服务器，两个分析接收到的事件和确定特定道路上交通堵塞存在与否，另一个用于存储当前道路相关信息。该系统架构解决了智能交通系统的交通拥堵问题。由于该系统的每个服务器都是松散耦合的,因此必须计算服务器之间的相关性,并使用耦合矩阵计算该服务对其他服务的更改影响。

例如,上海虹桥机场利用先进的智能化设备及系统对虹桥机场进行管理运营。利用信息化手段,通过对物联网、大数据、网络支付等多种技术的应用,将虹桥机场交通管理具象化。利用物联网技术可以全面感知交通运输基础设施和交通流的状态。利用大数据技术可以充分挖掘和利用信息数据的价值,服务于交通部门的管理决策和旅客出行。云计算则为各类交通数据的存储提供了新模式,"交通云"的建立将打破"信息孤岛",彻底实现信息资源共享、系统互联互通。通过使用移动互联网技术,可以实现信息在各种运输方式间的顺畅传输、交换,从而实现各种运输方式的合理布局及协同运行。

3.6 文化的传承性

3.6.1 TOD 文化基因

TOD 文化基因包含所处城市文化基因的各个方面。它在 TOD 发展过程中吸取各个层面的文化要素,从呈现状态上包含物质和精神两个层面,物质上主要是指各种文学、艺术、思想、道德、历史等非物质文化实体,精神上主要是指各种建筑、人造景观、公共设施、雕塑小品等物质文化实体[30];从发生的时间看,TOD 文化可分为历史文化和现代文化两大类;从作用的区域看,TOD 文化主要是指 TOD 开发区域或其附近区域,但同时它也受其他区域 TOD 的影响,这种影响是由其本身共通的属性决定的;从作用行业的性质看,它又包含各种行业的方方面面。各种要素之间互相作用,使 TOD 文化基因具有其自身的特征。

3.6.2 TOD 与地域文化的融合

每个城市都有其历史渊源,又因所处的地理环境不一样,有着不同的地形地貌和城市空间结构,同时不同地区的人们生活方式不一样,就构成了每个城市独特的地域文化。TOD 作为城市发展的一部分,应当尊重其地域文化的特征,保留其精髓之处。从 TOD 一体化开发来说,可以从以下方面进行考虑:

1) 积极发展文化产业

一般来讲,文化产业是指第三产业中为提高科学技术文化水平和居民素质服务的产业,主要包括知识产业、信息产业、广播电视业、新闻出版业、体育业等。发展文化产业是把文化价值转变成经济价值的有效途径,也是改造传统产业,使经济持续发展的重要手段。发展文化产业还可以促进文化的传播,提高居民的文化素质,是提升 TOD 区域品质的重要举措。

2) 鼓励文化创新,最大限度地发挥文化力

TOD 文化力是指人类在社会实践过程中,在健康的文化价值观念和思维方式指导下所表现出的使 TOD 得以存在和发展的能力,是 TOD 经济与社会发展的力量源泉,它主要表现在企业、商业、政府等文化的创新力上。城市经济、社会的进步与发展往往是从文化观念的创新开始的,人类在科学技术、思想观念、管理方式等方面的创新通常会促使城市经济快速发展。

3) 加强特色文化建设,因地制宜地塑造 TOD 自我形象

TOD 形象是城市固有的特色和美感,是在一定时空条件下,人类创造的有别于其他区域的物质和精神产品的外在表现,是 TOD 文化个性的反映,它能给人以与众不同的感觉。因此,应重视 TOD 因地制宜的自我形象塑造,同时良好的 TOD 文化形象有助于城市形象的整体提升。

第 2 篇

山地城市 TOD 设计理念

第 4 章　大数据在山地城市 TOD 设计中的应用

4.1　公共交通出行大数据

4.1.1　"互联网+交通"发展形势

伴随着"互联网+"的到来,信息流的及时反馈让交通更加透明化,为城市交通问题提供了新的解决思路。国家交通运输部为了推进交通体系健康发展,在《交通运输信息化"十三五"发展规划》中指出要建设智慧交通。《智慧交通发展行动计划(2017—2020 年)》要求智慧交通应用到基础设施、运输服务、交通监管等各个领域中。由此可见,"互联网+交通"的智能化管理将会成为未来交通的趋势,一系列先进的信息技术也将会应用到交通中。

就目前而言,"互联网+交通"已经与我们的生活密不可分。首先是公交系统,现在每个城市都有自己的公交系统 APP,或者直接在公交站牌上微信扫码就能知道公交车目前所在位置以及到站时间,并且可以在线充值公交卡和查询余额,给乘客带来极大方便。还有线上叫车,线上付款,完美利用互联网优势,节省了司机与乘客的时间及资源。另外,互联网也能帮助解决汽车的停放问题,它会自动告知驾驶者终点的停车场位置及数量,自动计时收费,并且线上支付。互联网的应用还有很多,如道路的实时路况、导航的道路规划、高速公路的 ETC、公共服务等。

"互联网+"的时代改变了人们的出行方式,大数据、云计算及以后出现的新技术,将把互联网与交通的融合提升到一个新高度。

4.1.2　大数据管理与智能交通

如今我们生活在大数据时代,它无处不在,在智能交通领域亦是十分广泛。大数据以庞大的数据为基础,通过大型计算机对数据快速而准确的分析处理,提高智能交通的工作效率。电子导航、自动驾驶、GPS 定位以及城市公共交通一卡通系统等都是大数据时代下出现的智能化交通,也是大数据整合的信息技术。正确有效地利用这些信息技术,能够反哺智能交通的服务质量,实现智能化交通。下面简单介绍大数据是如何运转工作的。

1) 大数据与智能公交

在城市生活,最常见的就是公交车,每个公交车都有自己规划好的线路,并且每条线路都有特定的公交车数量,那么每路公交车的线路及数量是如何确定的呢?

对于传统的公交系统,线路及数量都是根据经验开设的,并没有考虑居民的实际需求,从而造成偏差。比如有的公交车只有一条特定的线路,而且数量很少,人们需要赶到特定的乘车点才能乘坐,它只能满足少数人的乘车需求;再比如,有些线路公交车每天都人员爆满,严重超载,而有些线路公交车的乘客寥寥无几,公共资源匹配不当,造成浪费。现在则可以利用大数据分析应该怎样规划线路,线路应该设计多少辆车,以满足公共交通需求。另外,城市公共交通一卡通系统还将记录出行时间、出行路段等一系列数据,通过收集这些数据并进行整理分析,再反哺到交通系统中,对公交的线路及数量进行微调和优化,实现资源的最合理配置,由此就形成了智能化交通系统(图 4.1)。

图 4.1　大数据与智能公交

2）大数据缓解交通压力

智能交通虽然对城市交通压力有所缓解，但是早晚上下班高峰期及节假日的交通拥堵依然影响着城市居民的幸福生活指数。因此，要基于大数据，利用其对监测信息的实时反馈分析，有效调节各路口信号灯的红绿灯时间长短，发挥其作用，缓解交通拥堵的压力（图4.2）。

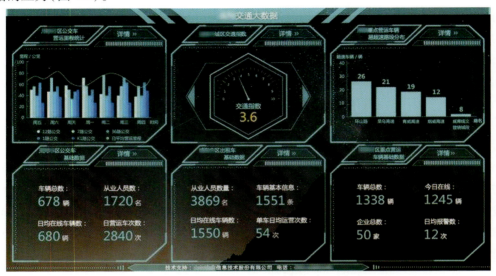

图4.2　交通大数据显示示意图

（1）智能交通信号灯

现在的交通信号灯一般都是按30 s、60 s 设定，多的是90 s、120 s 或者更多，几乎都是半分钟的整数倍，也就是说交通信号灯的精确度是按分钟计算的，这显然不够。应充分利用大数据的优势，对每条路、每个时间段的汽车流量进行收集并分析，了解其特点，分别制定不同的红绿灯控制时间段，以应对高峰期以及普通时间段的交通管理，从而缓解交通拥堵问题。

（2）交通信息共享平台

有大数据的技术支撑，交通部门需要充分利用其整合分析能力，收集交通工具及道路的各种信息，建立一个信息共享平台，把信息纳入进去。同时，需要将共享单车、共享汽车、线上打车等交通工具的位置进行定位，并发布在信息共享平台上。信息平台可以为居民制订优质的出行方案，也可以从该平台实时了解信息，自己制订出行计划，这样就能从交通方式及路线上缓解交通压力，方便居民的出行。

3）大数据与智能交通结合下的交通安全

借助于大数据的智能交通管理，能有效减少事故的发生。

（1）建立预防事故的重要对象

由于驾驶证与行驶证的数据入库，所以大数据系统拥有全国的车辆及车主信息。

通过对以往交通安全事故的分析来看,大部分事故的发生都是因为驾驶员驾龄在 3 年以下,驾驶经验不足或操作不当造成,还有一部分事故是因为车辆临近报废,零件老化造成。因此,需要对交通事故发生风险较高的驾驶者发出安全警告,提前预防。

(2)事故多发区安全预警

通过大数据系统,对频发交通事故地区加强交通管理,并提前制定事故发生后的应急指挥措施,保障事故人员的顺利施救以及交通的快速恢复,做到防好、控好、指挥好。

(3)大数据与汽车智能防撞体系

随着科技的发展,交通工具越来越智能化,安全系数也越来越高。汽车在行驶过程中,自带的信息处理系统会对传感器接收的数据进行分析和判断,在设定好的安全距离下保持正常行驶;如果判断达到设定的危险系数,则会发出警告,或者实施紧急避让辅助功能,以保障驾驶员的人身及财产安全。

总的来说,大数据技术对交通有着很好的指导作用。随着城市的发展,智能交通会不断加快建设进程,在大数据技术的支撑下,构建出更加完善、通畅的道路交通体系,最终形成以智慧交通为基础、智能服务为框架的科学智慧城。而且,科技的发展速度越来越快,云计算机也营运而生,这给大数据处理提供了一个完美的伙伴。另外,5G 网络技术的加持,大数据将会与智能交通更加完美的匹配,交通信息将会更加完整、清晰且低成本地呈现在数据库,而信息的处理也会更加快速,这种良性循环将使大数据及智能交通同步提升,使其优势不断显现出来。

今后,智能交通会以人民的需求为导向,联合各大智能企业、科研院校,打造出一片技术与交通充分融合的管理网络,让智能交通管理更好地服务人民、服务社会。

4.2　城市产业发展大数据

4.2.1　居民就业和居住的动态及需求

就业和居住作为城市的重要功能,它们之间的关系决定着城市压力和居民生活幸福感,于是城市规划设计便有了职住平衡的重要任务。区域内的职住达到平衡能有效减小交通压力和减少能源浪费,但是如何真正了解区域工作岗位与工作居民的正确配比呢?

以前,一般会通过随机抽样调研和统计数据来了解就业与居住的关系。抽样调研主要以问卷调查的形式进行,不仅耗费大量的时间与人力,所得的数据还由于样本容量低而不准确。统计数据一般通过人口普查和经济普查的方式获得,它需要政府组织,投入大量人力和物力,得到的数据在准确度上会有一个质的提升,但需要耗费大量的时间,最终得出结果可能在普查几个月之后,人口因为流动已经发生了变化,也就是时效性差。

现在可以运用大数据手段,结合互联网、云计算等快速分析,及时得到需要的数据,从而了解居民就业与居住的动态及需求。目前挖掘信息的主要方式有 GPS 定位数据、公交 IC 刷卡数据、手机信令数据及百度热力图数据。前三者有一定的局限性,百度热力图是真正的实时开放性数据,通过网络爬虫的方式获得,可以模拟出人们在城市的分布情况,准确客观地收集数据,然后通过科学的计算公式得出职住平衡度指数,为分析就业与居住的动态及需求提供基础(图 4.3)。

图 4.3　居民就业与居住聚集人群示意

4.2.2　城市产业发展选择与供给调整

城市产业发展作为城市建设的一个重要部分,需要在科学合理的产业策划下进行,并需要结合目前的市场需求和发展趋势做出及时的调整,以保证城市的健康发展。城市该如何选择产业类型及它的市场配比? 还是要借助大数据,经过科学推断及理性分析,为城市产业发展提供依据。

大数据的科学运用,能让我们了解城市目前的产业内容和市场容量,通过大数据对人流出行记录、各空间停留时间及消费记录等的整合分析,推断城市各个产业的发展现状,了解城市真实的市场需求,并对不同的城市地块进行最合理的产业分配,得出城市当前的产业发展最优解。当然,社会发展瞬息万变,需要结合经济发展趋势对产业策划进行相应的预防改善,通过适当的供给调整产业类型或市场容量,来促进城市产业繁荣发展。

4.3　城市规划指标大数据

4.3.1　基于位置数据的人口出行分析

21 世纪信息技术的发展,让人们拥有了智能交通,实现了智慧出行。在智慧出行的背后,与智能交通相关的产品(手机、汽车、公交、轨道)会精准记录居民的位置信息,包括出行时间、目的地等。通过大数据,将人口出行等信息挖掘出来,从中了解居民需求,对设施不完善的地方进行调整,指导未来城市的规划发展。

目前大数据主要是从 GPS 定位数据、公交 IC 刷卡数据、手机信令数据和百度热力图数据等中提取,其中百度热力图数据最全面,通过对人口出行位置的分析,就可以判断出居民的工作地点、生活地点,对各个公共空间(商业、公园、文化展馆等)的需求程度等(图 4.4)。

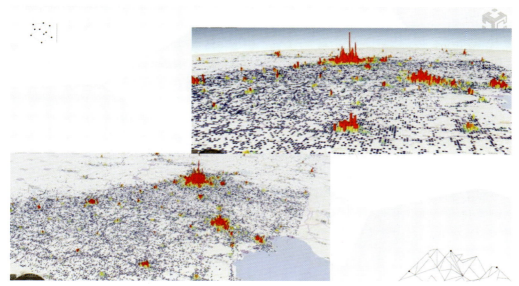

图 4.4　人口出行热力图示意

4.3.2　基于出行数据的城市联系分析

从出行数据可以看出,大部分人群都出行在城市内部空间,也有少部分人群会通过飞机、高铁或高速公路往返不同的城市。这种出行方式的差异表明不论是城市的各个组团,还是城市与城市,它们之间都存在相互关联性,人们需要在它们之间奔波,以带动资源的流通,满足各组团和城市的健康发展。

通过研究发现,城市级别越高,人群出行在这个城市的流量就会越大,物质资源输送也越明显,因此,城市人口的外向出行代表着城市要素的流通,推动着城市的发展。

4.3.3　基于轨道客流的空间结构研究

在山地城市,对于乘坐轨道交通的人群来说,其位置距离轨道站一般不会超过 1 km,这是一个合理的步行区范围,当然这是针对交通发展完善的片区。根据大数据的统计分析,这些人群在车站内呈现空间分布差异,具体表现在不同出入口、收费区的不同检票机及上下行方向的乘降客流都存在不均衡现象。

通过研究发现,若出入口周边是办公区、住宅区或商业街,一般来说客流就特别大;若出入口附近是马路,只有公交站点,客流就会在上下班高峰期较多,平时很少;若出入口附近是公园、绿地,则客流较为均匀且不多。在轨道站点内部,进站检票机的客流与安检区距离会有一个明显的关系,离安检区越近,则客流量越大,因为进站的客流一般都是陆续到达的,为了节约时间会选择最近的检票机;而出站检票机客流就比较均匀,出站客流都是集中到达,为避免长距离排队,就会选择比较空闲的检票机。结合这些客流的空间结构特点,可以优化轨道站内部检票口位置及数量的部署,合理调整出入口电梯数量及位置,更好地疏散客流,有效提升乘客的乘车舒适度。

4.3.4　基于多源数据的职住空间分析

习近平总书记指出"城市管理应该像绣花一样精细",即要求城市治理精细化,这就需要多源数据的协同合作。多源数据的协同合作是指多样大数据协同分析,包括遥感影像、地图气象、国土规划、互联网定位等共同协作对数据进行收集和分析。多源数据可以从宏观和微观两方面对城市规划设计提供丰富的分析手段,通过数据收集和处理来分析城市发展轨迹、人口规模变化、产业发展布局和居民行为习惯等,从而实现对整个城市的社会、经济、文化等的全面了解,让城市规划更加精细化,使城市空间形态与人们的生活行为和需求建立亲密联系,从而达到"以人为本"的空间规划目标和推动城市治理现代化(图 4.5)。

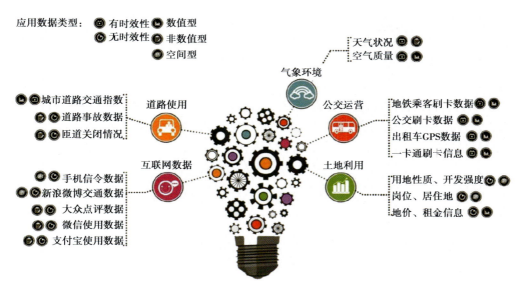

图 4.5　多源数据协同合作示意

　　在多源数据协同下,城市的空间功能分区和服务半径范围会更加合理。多源数据可以整合居民的生活轨迹数据、城市功能集中点分区数据、城市经济发展数据、公共交通设施数据和交通拥挤区域数据等为一体进行数据收集和分析,职住空间也主要是考虑生活分区适宜性、交通通勤合理性和城市经济体均衡性等方面,这两者具有很好的耦合关系。在多源数据分析下,每座城市空间可以根据自己城市的数据大调查合理安排居住和工作分区,从而实现以人为本的城市空间布局体系。每座城市由于交通、文化、地理区位和居民行为习惯不同,城市的服务圈半径设计会略有不同,而多源数据分析可以尽可能地还原真实城市的发展状况和居民的需求关系,从而使设计者能进行合理的职住空间布置,确定合理空间尺度。

　　多源数据分析居民对职住空间品质的要求,可提高人们的满意度。随着社会的多元化,人们对工作和居住的空间品质要求也多元化,城市设计要考虑到一切是为人民服务,在对城市进行空间设计时要考虑大众数据。多源数据可以从居民工作及居住环境等方面收集,确定符合城市发展的居住和工作合理空间形态,提供多元化规划设计,扩大城市居民的可选择范围,从而实现规划的科学化。

4.3.5　基于多源数据的公服水平分析

　　在城市规划时,采用多源数据分析可以保证规划方案更科学。多源数据与传统数据分析对比,具有分析规模大、多源性、人本性和时空动态性等优势,这与城市规划决策的本质具有高度耦合关系。利用多源数据思维和技术手段可以从定量和定性两个方面去精准分析城市问题,使得公共服务设施和基础设施布局更加合理高效。

在多源数据协同下,可以以基础平台为依托,提高公共服务水平和质量。目前国家提出"数字中国"和"智慧生活"等目标,我国各省市正在进行国土空间规划改革等工作,建立智慧空间规划管理与服务平台,可以为城市规划精细化找好抓手,推动规划和治理的网格化和智能化发展。智慧空间规划管理与服务平台是一个大数据基础平台,可将民生数据、城市发展数据和控制性详规数据等进行多源数据融合并建成数据库,为公共服务设施和公共服务管理提供大数据支撑。城市规划部门可以搭建空间信息可视化基础数据,利用测绘地理信息对城市目前公共基础设施欠缺部分进行调查,开放网络化信息平台集思广益,再将规划专题数据整合到城市治理平台,集合基础平台的所有数据收集优势,然后进行大数据再分析,构建新型智慧城市数据资源,建立相关的平台共享机制和长效数据管理机制,从而提高公共服务管理的效率和公共服务设施投放的科学性。

4.3.6 基于多源数据的开发指标预测

当前,城市规划开发指标体系存在众多不足。第一,开发指标体系类型多样。我国的许多开发指标是由国家相关部门制定的,代表的是自己部门的管控体系和绩效内容。第二,开发指标体系交叉重复。我国有着许多不同层级的规划管理部门,由于部门间的事权重叠和各自部门的理解差异性,开发指标易出现错位、越位等现象。第三,开发指标数值冲突。指标采用的数据来源有差异,有些指标是城市管理部门自行研究决定的,而有些指标则直接引用国家规范。

多源数据提供居民及其生活的各项数据。国家先从国家大数据进行分析,统一空间规划体系,制定合理的国家性开发指标体系。各城市再根据自身发展和居民行为制定区域开发指标体系,充分考虑地方与国家当前各类空间指标体系协调衔接,最终制定属于自身的开发指标体系。二者允许存在差异,但总体上按国家指标走,可出现求同存异的包容局面,并能更好地与人紧密联系。

多源数据分析使各开发部门协同合作,城市开发变得更可行。多源数据可建立平台共享机制,各部门可从自己主管的事权入手进行数据收集,再后期整合,选取最优开发指标,形成"多规合一",强化空间统筹与管控,避免部门之间职权的重叠冲突,从而有效解决自然资源开发不力和生态环境破坏、土地开发利用粗放和监管不力的局面。此外,多源数据可以从大数据入手搭建"目标—路径—指标"三级体系结构,构建科学完善的空间规划指标体系,使城市开发和管控更加合理化。

第 5 章　山地城市 TOD 立体分层设计

5.1　分层设计原则

5.1.1　TOD 立体形态

形态作为建筑的外在表现,直观明确地给人以视觉感受。而这些视觉感受是由许多元素综合而成的,只要其中某个元素不同,就会产生两种截然不同的建筑形态。这些组成建筑形态的基本元素称为建筑形态的表现因素。就传统山地建筑而言,其形态的表现因素主要包括建筑的接地方式、结构形式、建筑布局、屋顶形式、使用材料和立面虚实关系等方面。

特殊的地形地貌对一座城市来说是一种资源,也是产生城市特色的空间载体。山地地形的复杂变化,让建筑在形式上依山就势,形成高低错落多层次的立体空间。TOD 作为功能复合的建筑组团模式,山地城市的地形也造就了其独特的立体形态。以公共交通为导向的发展模式下,轨道站点作为中心,与其服务范围内的各种用途建筑的纵向关系不同,构成了 TOD 丰富多变的立体形态。通过对山地城市 TOD 案例的特征进行分析,归纳总结以下几类 TOD 立体形态,如表 5.1 所示。

表 5.1　TOD 立体形态分类表

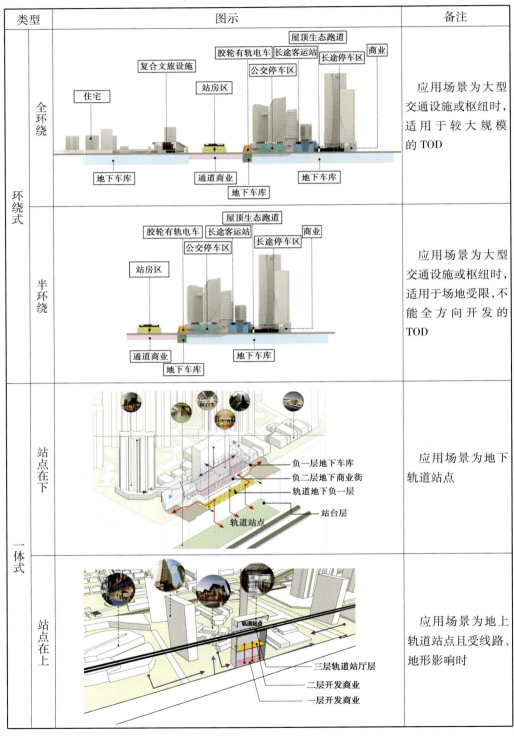

类型		图示	备注
环绕式	全环绕		应用场景为大型交通设施或枢纽时,适用于较大规模的 TOD
	半环绕		应用场景为大型交通设施或枢纽时,适用于场地受限,不能全方向开发的 TOD
一体式	站点在下		应用场景为地下轨道站点
	站点在上		应用场景为地上轨道站点且受线路、地形影响时

续表

类型		图示	备注
连接式	主体连接	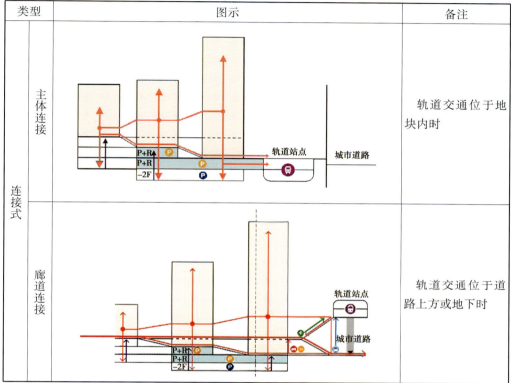	轨道交通位于地块内时
	廊道连接		轨道交通位于道路上方或地下时

1) 环绕式

环绕式是公共交通为火车站、机场时的常用形式,适用于周围环境限制条件较小、较大规模的 TOD 开发。下面以日本东京站为例进行介绍。

东京站具有百年历史,汇聚了 16 条线路,它不仅是日本多条铁道线路的起点站,也是东京主要的大型车站之一。目前建筑面积约 18 万 m^2。

南北方向的东京车站将八重洲地区和丸之内地区分割开,形成两种完全不同的区域:西侧的丸之内地区是周边区域的商务中心,以高密度、高楼层的大型写字楼、酒店、大型商场为主,并且连接皇居御苑,是车站周边地区的核心区域;东侧的八重洲区域,则以低密度、低楼层建筑为主,拥有部分商业设施,而车站周边大部分的住宅均集中在这一侧,与丸之内地区分别承担不同的职能。西起皇居御苑,穿过丸之内地区至东京站,再延伸至八重洲地区的轴线使东京站成为这片城市区域的核心(图 5.1)。

经过数十年更新及改造,东京站面向皇居方向设置了约 6 500 m^2 的步行广场以及南北两个交通广场,在广场两侧设置了门户办公楼,与站点形成环抱式。依托东京站每天超高的人流,该区域成为集酒店、办公、商业、交通、停车等功能于一体的城市核心区(图 5.2、图 5.3)。

图 5.1　东京站鸟瞰图

图 5.2　东京站平面图

2）一体式

一体式是公共交通以火车站、地铁、轻轨等轨道交通为主时的常用形式。站点与其他建筑合为一体,通常地铁、轻轨等设于建筑的地下几层,也存在受线路影响设于建筑中部或顶部的情况。

重庆沙坪坝高铁枢纽项目位于成渝高铁线的重要节点——沙坪坝站之上,总建筑面积 48 万 m^2,是一个综合公共交通、商业、办公、酒店、酒店式公寓的站城一体开发项目(图 5.4)。

图 5.3　东京站周边实景图

图 5.4　重庆沙坪坝龙湖光年 TOD 鸟瞰图

（1）车站核——贯通站城

项目中，地下 7~8 层为 3 条地铁线的换乘车站，地下 4 层为高铁出站大厅，地下 2 层为公交站台，地下 1 层为出租车乘坐点。面对如此多层级的复杂交通流线，车站核的概念被引入进来:通过车站核顺畅引导不同高度的各个公共交通之间以及公共交通与商业之间的转换乘,并通过车站核进一步将公共交通的人流疏导至周边区域。车站核被设置在所有公共交通流线的交叉点上。以人流量最大的地铁为原点,明晰地铁人流与商业设施、公交、出租车等公共交通的联系。在其地上部分设置高辨识度地标,建立垂直流线,完成地下公共交通到地上城市的引导。车站核并不仅仅是一个单纯的交通空间,而是结合其地上部分配置了商业。同时,车站核下方的"虚"空间也将自然引入地下,创造了舒心高效的公共交通区域。

(2)立面塑造——与车站一体,与城市一体

将低层商业与车站一体设计,利用低层商业与中央的双子塔楼的群体体量,整合以塔楼为中心的天际线,使这个具有连续性的天际线成为原本无序环境中的区域标志。双子塔楼的裙摆处向两侧的裙楼和车站核延伸,加强设计上的一体感。同时,这种向两侧打开的姿态,也对正面的站前广场进行了强调。塔楼顶部宛如山岩般的造型,提高了项目在远处的识别度。

(3)自由通道——缝合城市

基地的北侧为商业区,南侧为居住区,西侧毗邻沙坪公园和大学。铁道的出现,割裂了南北两侧的区域。本项目不仅承担联系周边地块的节点作用,也肩负着缝合城市肌理的功能。以车站为中心,建立步行网络系统,将通过铁道、地铁等的人流与周边步行网络相连,同时沿回游动线引入公共空间,形成促生各种社会活动的"舒适步行街区"。

(4)城市绿廊——引入自然

基地的西南侧为沙坪公园。通过引入"绿色城市走廊"的概念,将沙坪公园的绿色引入项目,并扩大至周边街区,带动城市环境的改善。

3)交错式

交错式是公共交通以火车站、地铁、轻轨等轨道交通为主时的常用形式。站点与其他建筑局部融汇或彼此紧邻,通常地铁、轻轨等建筑为低层或多层建筑,周边商业及其他建筑的高度较高。以南京市江北中央商务东街站 TOD 项目一体化概念设计为例分析站点与周边建筑的交错式关系。

南京市江北中央商务区为新区发展的活力积聚区和多功能示范区,作为江北地下空间重点发展区域,三线换乘大站及其周边各站点地上地下空间需从各方面精细谋划,在满足交通功能的同时,结合站点周边区域功能和地区公共设施需求,错位互补式供给,如图 5.5 所示。

强化站点导向开发,建立地上地下一体化设计,丰富地下空间功能,形成服务周边居住的地下活动空间。

打造广西梗大街公共生活服务城市界面,围绕轨道交通站点与社区服务中心,形成进入中央商务区的门户节点,建筑立面采取公建化处理。

图 5.5　南京市江北中央商务区 TOD 鸟瞰图

　　站点周边用地开发以商住、住宅、居民社区中心等为主,是片区居住、娱乐的集聚点。接驳站点的各类出行以步行和公共交通为主,减少设置地面停车设施,以减少道路交通压力。

　　地下一层:利用站点周边建筑,复合开发机动车 P+R 停车场 3 125 m²。

　　地面:依托绿地,结合地铁站点出入口,设置非机动车生态停车场 3 处,满足慢行交通与轨道交通的无缝衔接;结合轨道站点客流分布及周边用地,设置出租车临时停靠点 2 处,常规公交站点 4 处。轨道站点周边区域沿滨河布置高层建筑,形成重要的城市形象展示区,打造易于识别的滨水界面。区域地标建筑控制为 100 m,周边建筑高度由站点向周边逐渐跌落。

　　建筑内部空间通过换乘车站、停车场、地下商业等形式形成立体交通网,使各个功能之间既相互联系又互不干扰,实现地下建筑地面化。

　　商务东街站地块的建筑概念设计方案中主要设置了居住功能板块、商业功能板块,功能布局合理,与地铁车站之间的联系紧密。居住功能板块和商业功能板块采用借景手法,将商业景观资源进行视觉共享,使居住和商业用户均能观赏到景观,以提高土地使用效率。利用植物和水景的布局,将居住功能与商业功能行为流线上进行隔离,保证各自的独立性。

　　建筑排列方式形成线性轴线关系,空间上强调视觉的连贯性,展现出蓬勃的生长姿态。裙楼与塔楼的一体化打造,把整个建筑划分为不同的功能区域,这些功能区域在整个建筑体系中相互分隔或重合,形成彼此之间有趣的空间关系(图 5.6)。

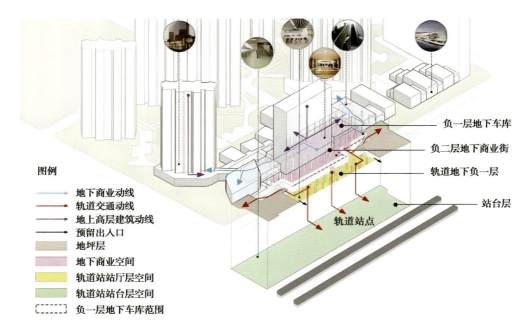

图例

→ 地下商业动线
→ 轨道交通动线
→ 地上高层建筑动线
→ 预留出入口
▮ 地坪层
▮ 地下商业空间
▮ 轨道站站厅层空间
▮ 轨道站站台层空间
⬚ 负一层地下车库范围

负一层地下车库
负二层地下商业街
轨道地下负一层
站台层
轨道站点

图 5.6　南京市江北中央商务区 TOD 分析图

　　商业中心承担吸引、集聚、疏导周边人流的作用,且能满足交流、休憩、赏景等多种需求。在整个空间和形态上采用活跃、跳动、秩序感强烈等具备时代特点的形式进行建构,并用新型导引方式迎接访客,大面积的落地玻璃明亮舒心,空间变得更加人性化,营造一种轻松、明亮和活跃的空间氛围。

　　在 TOD 探索过程中,我们做出充满现代感的外观造型,几何状的切割手法交叠在一起,建筑造型生动有趣。建筑整体造型与河流产生呼应,建筑章法井然有序,顺应了人的视线,融合了周边环境,使城市建筑和周边城市开发形成一体化的效果。

5.1.2　TOD 立体分层

1)TOD 分层特点

　　TOD 的分层主要由功能与建筑形态不同引起。不同使用功能对空间要求的差异性,形成 TOD 功能上较为明显的分层。功能上的分层特点主要表现在以集中的交通空间为核心,临近层布置丰富灵活的商业空间等,规整的办公与居住空间则主要位于地上建筑塔楼主体部分。功能与空间的相互关系,决定了建筑形态上的必然分层。根据建筑立面,将地面线视为第一分界线,地面以下"看不见"的部分与地面以上形成明显分层。山地城市的 TOD 分层区别于平原城市的主要特点是其丰富的地面分界线,地面分界线的跌落或凸起引起建筑欲出还休的有趣空间。地面以上建筑部分通常也存在较为明显的第二分界线,第二分界线一般位于底部裙楼与主体塔楼之间,山地城市 TOD 的第二分界线由于地形的变化,较之平原城市的更加丰富多变(图 5.7)。

图 5.7 TOD 立体分层示意

2)TOD 分层原则

TOD 分层是 TOD 设计的重中之重,关乎是否可以将客流变客留,从而带动片区发展。设计者应至少考虑以下几个方面:

①流线明晰。明确的功能空间分层,使得客流有序高效。

②竖向便捷。各个功能分层之间需要有便捷的竖向联系。

③相邻合理。相邻的分层之间应合理布置功能,如站点层应避免布置对噪声要求较高的功能空间,如居住、医疗等。

5.2 分层空间利用

5.2.1 分层空间一体化

1)一体化内涵

近年来,随着社会的发展、经济的繁荣,人口增长迅速并向城市聚集,城市规模也与日俱增。轨道交通等公共交通发展迅速,站点周边的开发与利用显得十分必要。TOD 作为三维空间的立体开发,是城市在实施现代化改造与建设中实现中心城区高密度疏解、基础设施容量扩充、人车立体分流、土地资源节约等的最有效途径之一。

通过轨道交通车站与城市建筑物的一体化,将规模与形态完全不同的空间融合在一起,高效利用城市空间,提高城市机能,创建车站与建筑物有机结合的新型城市空间。这一新型空间的产生,为车站和建筑物带来新的生命力,使得车站与建筑物超越了原有功能,成为功能强大的综合设施。高效利用城市空间,还可大大节约有限的城市资源。同时,TOD 一体化空间的形成,把车站与城市建筑物有机结合起来,使得交通设施更加深入人们的生活,环境更加舒适亲近,有利于轨道交通提高服务质量,真正成为城市的血脉。

2)一体化设计

图 5.8 给出车站与其他建筑物一体化的构造类型。对于高架线路,由于标高较高,往往要设计多层车站,这时采用线路从建筑物上部通过的方案Ⅰ:线路既可以从建筑物上方,又可以从侧上方或中部通过,这时线路与建筑物在结构上是一个整体;也可以采用第(4)种形式"高架下的建筑物",将线路设计成高架,使线路与建筑物从结构上分离。当线路位于地面时,可以采用方案Ⅱ,将建筑物建于线路之上,根据实际情况采用图中不同的方案,其中第(4)种为线路高架通过。当线路位于隧道内时,可以采用方案Ⅲ,在隧道上方修建不同形式的建筑,这种情况对于地铁较为实用。根据使用要求和埋探不同,既可以设计整体结构,又可以从构造上分开。方案Ⅲ的第(3)种形式表示通过在隧道与建筑物之间采取一定的减振措施,来减少地铁对上部建筑的影响。当然,实际情况千差万别,在规划设计时可以采取更多更好的构造类型,不一定限

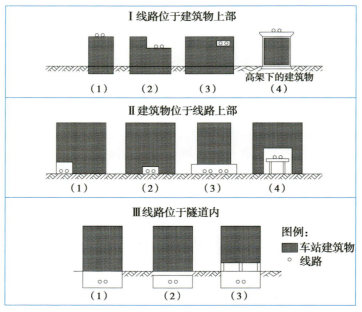

图 5.8　车站与建筑一体化构造类型示意图

于上述方案。通过车站与建筑物一体化,可以大大节约空间资源;同时,将车站与建筑物各自的功能进行系统结合,成为集输送旅客、办公、商务、购物、娱乐、起居等功能于一体的大型综合设施,从而创造出新的空间形态。这种空间形态可以在很大程度上减少居民的出行,方便城市居民的生活。

5.2.2　分层空间集约化

1)集约化内涵

TOD 功能高度复合、空间高度集聚,其要求建立舒适的全步行系统、空间垂直发展。地下空间的立体化发展机制是利用地下交通空间带动地下商业、休闲、娱乐功能发展,增强城市空间之间的联系,使之达到功能混合、空间集聚、交通网络化的目的。商业中心区地下空间城市设计的关键是在 TOD 模式导向下以轨道交通为"发展轴",与其他区域或中心联系;以轨道站点为"发展源"、地下步行网络为"发展流"、地下车库为"发展块",将机动车交通全部放入地下,构建片区化、网络化、立体化、简洁化的地下空间形态,建立轨道影响区内的全步行系统及立体步道网络,串联公共空间、娱乐空间、商业空间,促进商业中心区的立体集约化发展。

2)集约化设计

TOD 模式的交通规划,强调土地的多维度综合开发利用,通过多维度立体化开发,实现城市对土地的集约化利用,取得"一地多用"的成效。TOD 作为城市发展的一种新模式,与传统城市发展模式相比,具有可持续发展性。不过,在看到 TOD 模式诸多优势的同时,也要关注它的局限性。轨道交通 TOD 模式的大容量就必须要求有足够的客流。作为一种封闭式的交通系统,其建设成本高、建设周期长,在规划前期一定要对建设的必要性和可行性进行充分论证,做到规划与现状相适应,科学合理发展轨道交通。

(1)化大为小

TOD 建筑空间的特性就是在一定区域内进行内部细分,对交通站点内部流线空间的要求较高。商业综合体、建筑聚集区同样也需要较大的通行空间,因此在街角处需要进行一定的建筑切角处理,造成了土地资源的浪费。在经济发展快速的地区,需要遵循化大为小的原则,将原来大规模的开发利用变成小规模渐进式的开发,这样就有利于空间集约化,降低地块再划分的可能,使黄金地段得到有效利用,增加经济收益。

(2)分类集中

TOD 开发模式下的建筑内部功能往往有很大差别,如果将其散乱地堆在一起,就容易形成混乱的局面,既不便于管理,也不便于开展经营。因此,基于各种商业功能的性质、特点,将其分类,再组成一个整体,类似于将商业功能分类汇总,就能有效避免混乱,提高商业使用率。比如城市商业综合体建筑中,常见的形式就是公共的办公室在商业之上,而居住一类私密性较强的空间叠加在办公室之上,形成一种整体大于部分之和的效果。

（3）疏密有致

对功能空间进行细密排布,将原本散乱安置的多余空间集合起来,放在特定的地方,达到建筑与空间良好的视觉效果和联系,使建筑疏密有致,相互协调。城市综合体又因为建筑内部空间尺度不同,所以应尽量放大应用区域,缩小服务区域,使其相对集中,从而达到疏密有致的效果。

（4）空间不定

经济的发展使城市内的建设用地一度紧张,过去对建筑固有的刻板规定已经被新的使用规则代替。人的行为是多样性的,对建筑固有的特点划分在当今社会已经变得毫无意义,而人们也不再局限于一个空间只能有一种使用功能的思想。比如比较流行的 SOHO 模式,一间起居室可以同时作为工作间、客房、展示间等任何其他用途的房间。许多创业者也选择将家中客厅当作临时办公场所来使用。唯有遵循城市商业综合体建筑空间的不定性,才能满足现代人们对建筑的多样性需求,其中屋顶花园、屋顶广场等就是建筑空间不定性的最好应用。

3）设计策略

（1）功能空间

TOD 综合体建筑空间往往是混合功能使用空间。混合功能建筑在土地使用中更加紧密,协同性更好。一般混合功能建筑都包含 3 种或 3 种以上的功能,各功能形成一定优势互补的同时,完成建筑功能空间的应用,提高建筑利用率,形成功能互补链,促进收益。对建筑内的商业及活动空间进行一定的规整和排列,达到人们的期望空间,使收益最大化。

（2）交通空间

交通空间是 TOD 的核心。对于交通空间,首先应做的就是对外部人流有一定的疏导,使外部人流在行走方向上没有交叉,同时保证人流能够无阻碍进入建筑。这就要求在交通空间中做好对位合理和空间诱导两方面的问题。在对位合理上,应满足基本的人车分流、客货分流,流线不交叉;在空间诱导方面,则应该在入口处设驻足、停留、观赏的地方,如留出空地、采用门形建筑等增加空间诱导力度。

（3）结构空间

TOD 开发模式下,综合体建筑往往会出现结构合理而建筑功能需求缺失的矛盾,甚至需要按照非常规方式才能满足建筑的功能需求。这就需要通过结构转换来解决此类问题,在底层减少支撑点,形成建筑功能需要的大空间。常见的转换形式有大梁转换式、墙梁转换式等,另外还有分散核心筒和改变柱网层高等方式。这类转换能适应城市商业建筑多功能又综合发展的要求,提供建筑室内空间的多样性。

5.3 分层功能设计

5.3.1 分层功能划分

TOD 的功能种类丰富,其分层功能划分很复杂,需要综合系统考虑。5.1.2 节介绍了 TOD 立体分层的特点与原则,本节以设计案例为例,探讨 TOD 分层功能划分的可能性与基本原则。

重庆璧山六旗 TOD 项目一体化概念设计中,对于分层功能的划分,给出了多种可能性,具体表现为以下 4 种方式:

①依托空中、地面、地下垂直交通,打造流动多元的社交空间。

②利用空中步行廊道串联地铁站周边地块,丰富多元社交场所,提升地块活力。

③提供步行可达、丰富多样的地面公共空间,结合河道打造滨水空间,结合底商打造街道空间,结合居住组团打造宜居空间。

④充分利用地铁站点高人流聚集效应,打造地下商业空间,与轨道站点直接接驳,实现一站式购物。

上述 TOD 项目一体化概念设计中,分层功能丰富多样,空中廊道、地下空间与地面空间被多元的社交空间有机地联系在一起,既保证了功能的多样性,又丰富了空间活力。对于分层功能的划分,尝试从功能需求与交通组织两方面综合考虑,在以站点交通层为主导,保证流线明晰、竖向便捷的前提下,明确分层空间功能。以轨道交通站点为例,若站点为地下车站时,功能分层应考虑站点层的附加功能开发,以有效利用土地资源。通常与站点同层或相邻层的地下空间,主要考虑设置商业空间,如购物、餐饮、休闲娱乐等多种业态形式;也可考虑做 P+R 停车库、其他公共交通站点换乘空间等。结合山地城市特色,部分半地下空间可考虑设置商业、体育馆、博物馆、展览馆等公共空间。地上裙楼部分受限因素较少,可设置更丰富的商业空间与公共设施空间(图 5.9、图 5.10)。

图 5.9 功能分层透视图

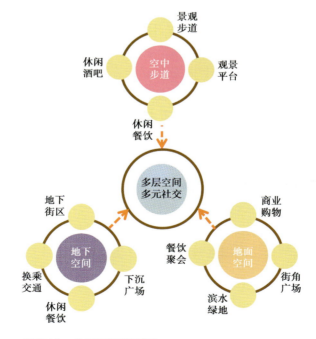

图 5.10 分层空间关系图

5.3.2　分层功能布局

1）分层布局

分层功能多样化是 TOD 开发模式下建筑空间的必然特性，为避免功能布局杂乱无章，应建立清晰的空间逻辑，合理组织功能布局。

（1）站点层功能布局

站点层是人流较为集中的分层。站点层功能布局的要点是关注客流疏散畅通性。站点层功能较为复杂，站点设置于分层中央，可设置更多的疏散通道，有利于客流直达目的地。条件受限时，可考虑站点设置于分层一侧，要合理组织流线，避免客流混杂造成拥堵，尽量避免将站点设置于平面角落。

（2）其他层功能布局

TOD 开发模式下，商业空间作为主力，应尤其重视其布局合理性。通过已有研究不难看出，商业空间结构的演变过程中各类业态集聚和分布变化呈现各自不同的特点，日常零售商业更加强调小型化、便利化和可达性，并向网络化格局发展，大型商业综合体或商业区零售商业与休闲餐饮等服务业具有综合发展的趋势。

2）圈层式布局

TOD 开发模式充分依托和利用轨道交通站点的优势，建设辐射周边、功能复合、具有吸引力的城市综合体，同时提高站点和周边设施的空间联系，充分完善配套服务，打造区域性交通枢纽。TOD 站点对地区开发的带动作用常通过圈层形式向外辐射，这种圈层结构往往与放射状的骨架相结合，但形式并不绝对。例如，半径 200 m 内可为核心腹地；500~800 m 为轨道站的直接腹地；以自行车或常规公共交通 5~10 min 的距离（1 500~3 000 m）作为最大服务半径，此范围扣除直接腹地的环状区域为间接腹地。同时，在功能分布上公共功能主要集中在核心腹地，直接腹地形成复合开发，间接腹地接受的辐射较小，开发强度会较弱。

综上，合理的分层及圈层划分能有效发挥 TOD 的作用，优秀的分层设计将促进多功能、复合化、合理级差强度开发达到最优效果。

第 6 章　山地城市 TOD 地域文化形象

6.1　TOD 文化基因

文化是人类文明的产物,是整个人类社会发展的缩影,是人类生存不可缺少的精神食粮。城市作为人类生产、生活的集聚地,既是人类文明的创造地,又是人类的精神寓所。城市在自身的形成、发展过程中,形成了一种有别于其他文化的独特文化——城市文化,它是城市生活的灵魂和核心,也是城市赖以存在的基础。

TOD 文化是指人类在 TOD 发展过程中创造的以及从外界吸收的思想、准则、艺术等思想价值观念及其表现形式。它不仅是人们的思想结晶,更代表了整个人类的智慧。

从地域上说,TOD 文化特指特定城市里特定区域所具有的文化色彩,但它的来源却远远超越这一区域。城市中不同外来人口带来的丰富文化和知识,是 TOD 文化的重要组成部分;同时,TOD 吸收城市与城市相互交流而创造的新文化,丰富自己的内涵;最后,基于 TOD 本身属性的共通性,它的文化内涵也包含了其他类似 TOD 的文化特征。

TOD 文化有广义和狭义之分。广义的 TOD 文化包括教育、科技、文学、艺术、体育,服务业,居民素质,企业管理及政府形象等非物质实体,还包括建筑艺术风格、街景美化、广场规划和设计、雕塑装饰、公共设施、环境卫生状况等物质实体,换言之,广义的 TOD 文化是城市各个要素相互作用的总和。狭义的 TOD 文化仅指城市人类生产和生活的精神意识形态,它主要包括教育、科技、文学、艺术等精神理念和精神产品。本书所指的 TOD 文化是指广义的 TOD 文化。

6.1.1　TOD 文化的类型

TOD 文化丰富的内涵和外在决定了其表现形式复杂多样,可以从不同角度对其加以把握:

①从发生的时间上看,TOD 文化可以分为历史文化和现代文化两大类。前者是指历史上各类文化的沉淀和积累,对现代的 TOD 产生了一系列影响;后者是对前者的继承和发展,是前者在新时代的一种表现。TOD 文化因其发展时间,多以现代文化为主。

②从存在的形态上看,TOD 文化可以分为精神文化和物质文化两大类。前者指各种文学、艺术、思想、道德、历史等非物质文化实体;后者指各种建筑、人造景观、公共设施、雕塑小品等物质文化实体。二者通常相互结合,融为一体。

③从作用的区域上看,TOD 文化主要指 TOD 开发区域或其附近区域,它们通常反映特定城市区域人类的精神风貌,但同时也受类似 TOD 项目影响,这种影响通常由 TOD 本身的属性决定。

④从作用行业的性质上看,TOD 文化可以分为生态文化、工业文化、建筑文化、旅游文化、餐饮文化、购物文化、广告文化、商业文化、金融文化、消费文化、管理文化等。

6.1.2　TOD 文化的特点

TOD 文化伴随着城市 TOD 的诞生和发展不断进化,在城市 TOD 发展过程中形成了自己的特性。

1)有机综合性

TOD 区域作为以公共交通为主导的生产、生活集聚地以及经济社会的核心,使它有机会吸收和消化周围城市和地区的文化,综合各种因素,成为各种文化的汇集之地。当然,这种综合并不是简单的叠加,而是 TOD 以"人"为中心,从自身的性质和职能出发对各种文化进行有机的协调、整理和创新。例如,核心区的商业中心常常综合现代年轻群体的文化特征,同时又具有传统文化元素,有机结合,创造出新的文化氛围。

2)层次性

从满足城市人类需求效用的层次来看,TOD 文化具有明显的层次性,主要可以分为物质层、心理感受层、价值层、制度层等层次。不同层次的文化具有不同的深度和内涵。物质层是最基本的层次,是人类生存和发展的前提条件;制度层为最高层次,属外部指导机制,具有一定的自抑性和强制性;心理感受层和价值层是联系二者的桥梁和纽带。

3)系统性

组成 TOD 文化的各个要素并不是孤立存在的,它们相互联系、相互作用,形成一个不可分割的复合系统,不同的层次和要素都在不同程度上反映了这个系统的功能。

4)时代性

一方面,城市中的 TOD 是各种先进文化的汇聚地和传播站点,它代表了时代的主流文化,成为时代文化的辐射中心;另一方面,TOD 是文化的创新中心,它不断地创新时代文化,推动社会发展。在此期间,TOD 文化自身也得到丰富,走在时代的前沿,带动整个区域文化的发展,使城市文化更具先进性。

6.1.3　TOD 文化基因与城市文化

1)TOD 文化基因与城市文脉

城市作为建筑的载体,不仅仅是建筑物的简单集合与扩大,其发展、变化和更替与社会的政治、经济、文化同步,综合地反映社会面貌。TOD 文化基因应与城市文脉、城市文化基因相契合,发扬城市文化中优秀的部分。

对于城市建筑的探究,无疑需要以文化脉络为背景。由于自然条件、经济技术、社会文化习俗的不同,环境中总会有一些特有的符号和排列方式,形成这个城市所特有的地域文化和建筑式样,也就形成了其独特的城市形象。TOD 的职责在于充分挖掘地域的文化基因,体现一座城市 TOD 最具普遍意义的本质属性是其灵魂所系。

例如,东京站位于日本东京都千代田区丸之内商业圈,地处城市核心区,毗邻日本皇居。在明治维新时期,日本首都由京都迁移至江户,并改名为东京,前江户城则被改为天皇的居所,是日本重要的古建筑。在综合开发过程中,坚持对遥望日本皇居的历史交通东京站进行保护,并按照"新旧结合、空间雕琢、彰显特色"的方式对该建筑进行改造利用,逐步融合聚集多元功能,突出历史文脉价值,注重形态与空间打造,将历史交通区域变成如今的城市中心。为强化核心区历史交通建筑保护和展示,在站前规划大型开敞空间,开敞空间外围布置高层商业商务建筑,形成城市地标(图 6.1)。

2)TOD 文化基因与城市空间

TOD 是城市的一部分,置身于城市空间的整体结构中。TOD 文化空间应符合城市的结构特征,与单体建筑不同,它的构图形态更富于传统性和习惯性。在通常情况下,无论其外在表现多么强烈,其内在的文化空间结构保持一定的固化。由此可见,弄清城市形态背后比较稳定的文化基因,是合理构建 TOD 文化空间的关键。从城市空间的角度,将 TOD 文化空间分为三类。

(1)TOD 基础型文化空间

基础型文化空间是居民得以正常生活、城市得以正常运转所必须具备的基本要素,多结合城市居住空间配置,体现了 TOD 文化的底色。居民的生活理念由温饱型向享乐型转变,用于满足衣、食的消费在总消费中所占比重越来越小,而用于教育、文化及娱乐等方面的消费日益上升。按照马斯洛需求层次理论,人们在较低层次的需求得

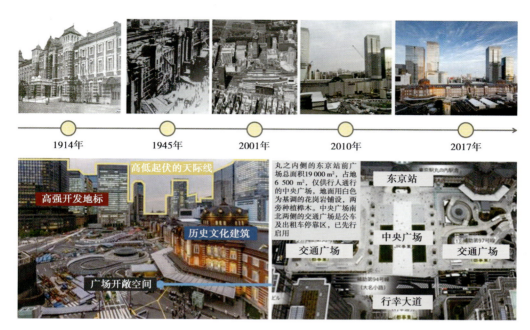

图 6.1　日本东京站综合开发图

到满足后即会产生更高层次的需求,因此 TOD 基础型文化空间的需求本身也呈现出不断发展的规律。基础型文化空间针对所有居民,因此需求总量最大,一般规模较小,数量多,服务半径不大,同时在活动形式上偏向于居民喜闻乐见的方式,在活动内容上力求多样化,以适应各种社会文化背景的居民。如日本涩谷 STREAM 大厦内部提供工作和休闲并重的优质创意空间,不仅有高科技酒店、新型商业设施,还设有演播大厅、会议厅、孵化器办公空间、托儿所,以及为自行车通勤者服务的设施(图 6.2)。

图 6.2　日本涩谷 STREAM 大厦内部空间示意图

（2）TOD 标志型文化空间

TOD 标志型文化空间多为该区域的标志性街区、市级甚至区域性的设施或场所,常被誉为城市的"形象工程",如大型文化商业中心、体育场馆、博物馆、展览馆等公共空间。作为城市文化的"形象符号",TOD 标志型文化空间一般规模大但数量少,位置选择在最能代表城市形象的标志性区域,视野开阔、环境优美,有良好的区位及景观条件,在活动的组织上一般结合城市优势产业选择最能代表城市特色的活动。

又如日本涩谷 STREAM 大厦最上层设置有室外和室内展望设施,是日本规模最大的屋顶展望广场(图 6.3)。从这里可以看到正下方著名的涩谷交叉路口,北侧可以看到代代木公园和新宿的超高层区域,东侧可以看到六本木和市中心,西侧可以看到富士山。

图 6.3　日本涩谷 STREAM 大厦顶部空间示意图

(3)TOD 提升型文化空间

提升型文化空间介于基础型文化空间和标志型文化空间之间,适应城市居民中间阶层的使用需求,数量较多,规模较大,其受众数量较基础型文化空间更少,因而具有大于基础型文化空间的服务半径。作为标志型文化空间的有效补充和基础型文化空间的高级形式,提升型文化空间常结合 TOD 的核心区设置,具有较好的区位条件和较好的城市景观,在形式上多结合区域特色产业、地方性文化活动进行组织。

基础型、提升型和标志型文化空间,其核心的功能是给居民提供参与文化活动的场所,它们的区别仅仅体现在层次上、档次上,而非功能上。一个充满活力的 TOD 不仅在于它构建了一个层次丰富、级配合理的物质生活空间,更在于它能够提供多样化、多层次的文化空间,让不同收入水平、不同社会文化背景及不同阶层的居民都能各得其所,其乐融融,产生强烈的家园感和归属感。如日本多摩的中央公园(图 6.4)、日本品川的商业中庭(图 6.5)。

图 6.4　日本多摩新城局部空间实景图

图 6.5　日本品川局部空间实景图

3）TOD 文化基因与建筑

城市建筑作为城市文化的载体之一，在物质层面能充分反应城市发展状况、城市发展水平、"住和行"的行为特征，在精神层面能反应人们的需求、审美等。TOD 文化基因引导建筑的发展，TOD 建筑可在外立面表达上呼应 TOD 所在城市的文化基因，也可表达其传统的文化元素。总的来说，TOD 文化基因与 TOD 建筑互相影响，其更深次的含义体现在建筑所承担的一种特殊的生活方式。

6.1.4 TOD 文化基因与 TOD 发展的关系

1)TOD 文化基因是 TOD 发展的动力

首先,文化是促进城市经济发展的最重要因素之一,同样 TOD 文化基因是促进 TOD 发展的重要因素之一。文化是人类的精神支柱和精神动力,积极向上的文化氛围会让人类充满朝气。

其次,TOD 文化基因为 TOD 的进一步发展铺平了道路。高素质的居民、大量的科技人才、优美完善的投资环境、积极活跃的文化氛围等增强了 TOD 区域的吸引力,使得 TOD 区域能够顺利引进先进的技术和管理经验,引入高层次的人才、充足的资金,从而增加城市的潜在价值,为 TOD 的进一步发展创造条件,打下基础。

2)TOD 文化基因是 TOD 发展水平的重要标志

TOD 是以公共交通为导向的城市综合一体化开发,它是从"人"的角度出发,本着土地集约、鼓励步行及自行车出行、重视环境品质的原则,统一协调城市经济和人的需求,促进资源与环境的协调、社会的全面进步等。单纯的经济数量增长无法使社会基础得到飞跃式发展,还得依靠人的价值观的改变、思想文化素质的提高来促进发展。因此,TOD 发展水平必须依赖于文化的现代化发展。

随着人类社会经济水平的提高,标志其发展水平的城市现代化内涵也发生了根本变化。创新的快速化、社会的信息化、政治的民主化和法制化、经济社会发展的持续化和协调化已成为描述现代 TOD 发展水平的重要指标。

3)TOD 文化基因塑造了 TOD 形象

TOD 形象是指人们对 TOD 形体以及当地居民素质、民俗习惯、文化气息、服务态度等的感受所形成的总体印象,是 TOD 文化在景观、建筑造型上的反映。TOD 文化影响人们对城市环境、造型、色彩、技术、社会等各方面形象的塑造,多彩的地域文化是 TOD 形象风采各异的内在原因,TOD 形象的每个方面都深深地打上了文化的烙印。文化优势是 TOD 成为区域经济中心的重要原因之一,不同的 TOD 由于其文化上的差异所形成的 TOD 形象有别,从而产生城市吸引力的不同,最终造成其竞争力的不同。目前设计倡导"形象制胜"战略的实质也就是通过 TOD 文化建设来美化城市形象,通过创新 TOD 文化来起搏城市发展的动力。如国际性大都市新加坡,其浓厚的文化氛围及文化气息使其城市形象倍受青睐,吸引大量外资和人才流入,从而促进城市经济的发展;同时,每年吸引上百万的游客,创造了丰厚的旅游财富。

又如重庆市沙坪坝高铁枢纽项目(图 6.6),在解决城市功能的同时,也在形象上作为重庆的一个标志性建筑,体现了重庆特色。

再如广州新塘 TOD(图 6.7),利用流线造型,给人现代化、科技化的感觉,给城市注入了新的活力。

图 6.6　重庆龙湖光年效果图

图 6.7　广州新塘 TOD 效果图

4）TOD 的持续发展离不开健康的 TOD 文化

可持续发展理念的核心是人们对传统的主导人们实践行为理念的片面性及其不良后果的深刻反思和对传统发展观念的扬弃,是人类在新的健康文化观念和文化价值指导下采取的一种发展方式。换句话说,文化建设和文化现代化是可持续发展的灵魂,离开正确文化观念的指导,就无所谓可持续发展。一个持续发展的 TOD 不仅要实现经济的持续增长,更重要的是要有健康的充满活力的文化气息。

6.2　TOD 的文化塑型

6.2.1　TOD 文化塑型的现状

多以现代化、高科技感为主,力图塑造新的城市形象。其优势在于给人耳目一新的感觉,产生一定的视觉冲击力。但缺乏对城市文化内涵的挖掘,无地域性特征。

6.2.2　TOD 文化塑型的原则

城市建筑是文化的一种形态,同样 TOD 建筑是文化的载体。TOD 建筑的文化意味着 TOD 建筑的内涵,包含 3 个方面的属性:一是物质文化方面的属性,提供人们享用的空间环境,同时也具有为实现这种目的而必须提供的经济技术手段;二是精神文化方面的属性,在空间环境创造中所渗透的来自哲学、伦理、宗教等方面的生活理想,以及来自民族意识、民俗风情方面的审美心态;三是艺术文化方面的属性,努力贯彻艺术审美方面的意识,拓展人文艺术的表现内容。

构成建筑文化的诸多因素中,一方面具有相对稳定的因素,如建筑所在地区的自然条件、人们的生活习惯与审美意识等,这些相对稳定的因素决定了传统文化的继承与延续;另一方面又具有相对活跃的因素,如飞速发展的社会经济形态、建筑功能与建筑技术等,这些相对动态的因素决定了传统建筑文化的变革与创新。传统建筑文化的继承与创新,即传统建筑文化的有机更新,使得建筑具有"记忆中的活力",而非"瞬间的活力",文化的自身积淀与发展使建筑的内在精神和外在风格得以延续。

1)TOD 文化塑型应尊重中国传统建筑文化内涵

(1)尊重规划布局的秩序与肌理

《周礼·考工记》中记载:"匠人营国,方九里,旁三门。国中九经九纬,经涂九轨。左祖右社,前朝后市,市朝一夫。"中国传统建筑具有强烈的程序感和对称均衡的肌理,从城市规划到建筑群布局都是如此。我国的许多传统建筑如故宫、孔庙、寺院、道观便是很好的例子。

(2)建筑群的院落组合

围绕一个中空间(内院)组织建筑群,是较早存在的布局方式。中国传统建筑的每一单位,基本上是一组或者多组围绕着一个中心空间(院子)组织构成建筑群。这一布局方式一直采用了几千年,成为一种主要的总平面构图方式之一(图 6.8)。院落组合的平面布局在宫殿、庙宇及民居当中普遍存在,在北方、中原、南方甚至少数民族聚居的边远地区都广泛流传,成为中国传统建筑最为典型的特点之一。

图 6.8　院落组合

(3)依山就势,师法自然

因地制宜,依山就势,天人合一,顺应自然,是中国传统建筑的又一特点。传统建筑尤其是园林建筑,"巧于因借,精在体宜",充分体现了建筑和园林组合的环境,融于山水,人与自然和谐共生,使人产生"此中有真意,欲辨已忘言"的心旷神怡之感。

(4)构件、符号、装饰、色彩丰富多彩

构件、符号、装饰与色彩是体现传统建筑文化的形式因素。坡屋顶、木构架、斗拱等组成传统建筑的结构表现形式。随着技术、结构及材料的更新发展,传统的构件、符号及装饰在提炼与简化当中得到延续与发展,并发挥着积极的作用。

2)TOD 文化塑型应尊重中国传统哲学思想对传统建筑文化的影响

(1)天人合一的环境观

以周易为肇始的阴阳哲学被称为中国传统哲学之母,与西方古典哲学相比,最本质的差异莫过于中国哲学"天人合一"的思想。中国古代哲学的这一理沦观点显示了东方文明的睿智,它对于当今世界认识人与自然的关系极富启迪意义。反映在传统人居环境中,强调人为营造应与所处自然环境相协调,人必然尊重自然,礼让自然。人居环境不仅指建筑本身,还包括建筑的内外空间及其周围的自然环境。

(2)整体内向的空间观

整体内向性是中国哲学的一个重要特征,中国传统哲学是一门心灵的哲学,或者说是一门修身养性的哲学。孟子说"万物皆备于我"。朱熹说"心无限量,唯心无对,心为太极"。这些思想都代表了中国哲学整体性的一面。此外,传统哲学又有其内向性的一面,心灵是一个整体,它又包含着意与志、情和欲、知与识等心理要素。从老子最早提出的空间观:"凿户以为室,当其,有室之用。"可见传统建筑空间极其重视整体性,但内部空间却变化多端,高潮迭起,生动而和谐。

(3)重情知礼的人本精神

中国传统哲学是一种伦理哲学、人性主义哲学。对中国传统文化的认识,从本质上可以认为是一种人伦文化、人本文化。体察人与自然和其他事物的关系,以及人与人的相互关系,重亲情,讲人伦,知礼仪,劝教化,倡理性,凡事中庸有度,不事张狂成为其文化特点。中国传统文化重情知礼的人本精神渗透在中国几千年的社会生活中,建筑作为社会生活的文化容器,必然在各个方面体现着这种精神。不仅宫殿、寺庙,居住建筑更是如此,从建筑布局、功能使用、空间、环境到构造尺度、装饰装修、家具陈设等莫不浸染着对人本主义精神的追求,集中体现在以人为出发点的设计原则、以人为本的空间环境尺度、建筑环境的教化功能,以及建筑组合整体有机的群体意识。

3)TOD 文化塑型应尊重传统建筑的艺术文化属性

"天地有大美而不言",在传统儒道文化培育下,山水赋予"中和之美"的特征,追求平和、宁静、淡泊、雅致、含蓄、自然而不造作。人工塑造环境集中体现在中国园林上,但求"虽由人作,宛自天开"。此外,中国建筑艺术最高的美学理想是对"诗意美""意境美"的追求,给人以"只可意会不可言传"的审美情趣,并同时给人以人伦的教化、人文的熏染。从自然的意境美达至人的精神境界的升华,直抒胸臆,得到最大的精神享受,达到"大美不言""物我两忘"的崇高境界。

6.3 山地城市文化特色

6.3.1 山地城市文化的起源及演变

本书选取山地城市的典型代表重庆进行城市文化的叙述,以突出山城文化对TOD 的影响。重庆是中国著名的历史文化名城,具有 3 000 多年的悠久历史,以重庆为中心的古巴渝地区是巴渝文化的发祥地。重庆作为西南地区政治、经济、文化中心,为中央直辖市。

6.3.2　山地城市文化要素

1）吊脚楼

重庆依山而建、两江环抱,平地缺乏,由于地势的缘故,绝大多数建筑都需要沿着山坡依次建造。传统的重庆沿江民居是由几根木料支撑的"吊脚楼"(图 6.9)。吊脚楼作为重庆的传统民居形式,最早可追溯到东汉以前,近年来由于经济的快速发展,仅在部分区域保留有原汁原味的吊脚楼建筑。新修建的洪崖洞吊脚楼民俗建筑群即意在恢复此传统建筑。

图 6.9　重庆吊脚楼

2）移民文化

重庆是典型的移民城市。在二百年前,重庆仅仅是长江边的一个县城,人口不足十万人,经历了湖广填四川、抗战江浙沪内迁、三线建设三次大规模移民潮,主城区内移民占到总人口的 80% 多,人口从 1916 年的 28 万人激增到 1945 年的 262 万人。1954 年重庆与四川合并,人口数量已经超过成都,成为四川省人口最多的城市。移民的结果造成重庆主城区与直辖时并入的其他区县存在经济、文化等方面的巨大差异。

3）巴渝文化

巴渝文化代表有渝菜、龙门阵、重庆方言(渝语)、战时首都文化、川剧、袍哥文化、码头文化、川江号子、蜀绣等。

巴渝文化是长江上游富有鲜明个性的民族文化之一。巴渝(重庆)文化起源于巴文化,是巴族和巴国在历史的发展中形成的地域性文化。巴人一直生活在大山大川之间,大自然的熏陶、险恶的环境,炼就顽强、坚韧和骠悍的性格,因此巴人以勇猛、善战而称。(完整的巴文化区还包括四川省的广元、南充、巴中、达州和广安五市,大体以嘉陵江为界。陕南、鄂西、湘西北和黔北等区域为巴文化辐射区域。)

川剧:是巴文化、蜀文化的主要代表之一。它是重庆、四川、云南、贵州等西南几省人民喜见乐闻的民族民间艺术。川剧中的"变脸""喷火""水袖"等绝活独树一帜,为世人所喜爱并远涉重洋传遍世界。

川江号子:是川江船工们为统一动作和节奏,由号工领唱,众船工帮腔、合唱的一种一领众和式的民间歌唱形式。重庆到宜昌 1 000 多千米的长江江段俗称川江,航道艰险,险滩密布,礁石林立,水流湍急。因此,在滚滚川江上,产生了许多歌咏船工生活的水上歌谣——川江号子,其经国务院批准列入第一批国家级非物质文化遗产名录。

摆龙门阵:自古以来巴渝人民喜欢"摆龙门阵"(聊天、讲故事之意),民间口头文学有着广泛的群众基础,直至今日喜欢"摆龙门阵"依然是重庆民间文学的一大特色。

码头文化:重庆历来是长江上游水路交通枢纽,江边码头林立,商船穿梭频繁,旅人来往如织,加上重庆独特的市井文化,形成了特有的码头文化。

袍哥文化:是指哥老会、天地会、袍哥会等民间秘密结社内部的江湖义气对城市文化的那部分影响。如今主城区只有在磁器口古镇可略为感受旧时文化。

4)陪都文化

抗日战争时期,国民政府从南京迁都重庆,并将之定为"陪都",重庆成为当时中国的政治、军事、经济、外交中心。7 年中,留下诸多遗迹、轶事,使陪都遗迹成为重庆今天独特的人文景观。

期间,重庆成为内迁工业、学校的集中地。一大批著名的教育家、学者来渝执教,众多文化艺术界名流也来渝工作定居,诸如郭沫若、马寅初、徐悲鸿等,重庆成为当时四川省的文化教育中心。据不完全统计,重庆的陪都遗迹有近 400 处,随着重庆数十年大规模建设,有些遗址已不复存在。现存有代表性的遗迹主要有两类:一类是重庆南山上的黄山抗战旧址群(图 6.10);一类是国共第二次合作抗战在渝留下的纪念地,如重庆谈判签订"双十协定"的旧址(图 6.11)。留下的诸多遗迹、轶事,成为重庆今天独特的陪都文化景观。

图 6.10　重庆黄山抗战旧址群——云岫楼

图 6.11　"双十协定"签订旧址——桂园

5) 红岩文化

红岩文化来源于红岩精神,红岩精神则产生于抗战相持阶段及第二次国共合作的大背景下。1939 年初,中国共产党为了巩固抗日民族统一战线和加强国统区工作,在重庆成立了中共中央南方局,开始了在国民党统治区长达八年的斗争历程。在极其艰苦险恶的环境中,南方局在中共中央的正确领导和周恩来、董必武等同志的带领下,把马克思列宁主义、毛泽东思想与具体实际相结合,在长期斗争中形成了一种代表成熟时期中国共产党人崇高思想境界、坚定理想信念、巨大人格力量、浩然革命正气的精神品质,这就是红岩精神。

现代表性遗迹有重庆红岩嘴 13 号(中共中央南方局暨八路军驻重庆办事处驻地)(图 6.12)、曾家岩 50 号(周公馆)(图 6.13)和虎头岩(新华日报总馆)(图 6.14),总称为"红色三岩"。

图 6.12　红岩嘴 13 号

图 6.13　曾家岩 50 号

图 6.14　新华日报总馆

6.4　山地城市 TOD 文化形象设计

6.4.1　山地城市 TOD 文化形象设计理念

1）山地城市 TOD 文化形象设计首当利用山地特征

节约大量宝贵的耕地是我国大力发展山地建筑的重要原因。因此,山地城市 TOD 设计的重要原则是尽量节约用地,建筑师在进行建筑外形设计时,要尽量依山而建,利用地势,尽量减少挖土和填土量,这是着重考量的因素。山地城市 TOD 的选址、设计和施工都受制于山地地形,如何利用山地的地势、坡度是建筑设计的关键,比如依附山地地形形成退台式的建筑形体。

2)山地城市 TOD 文化形象设计应重视人对空间的体验

时代在发展,人们的生理和心理舒适度越来越被设计师重视。空间环境建设的宗旨和原则始终源于对人们的关怀。如同建筑的定义不能仅仅局限于建筑外形一样,山地城市 TOD 也不能仅仅局限于建筑本身,而是要创造适宜的工作、生活、活动空间。通过对山地城市和平原城市人们出行量的统计,地形坡度为 10% 的情况下,山地城市的出行量要低于平原城市出行量的一半;地形坡度为 20% 的情况下,山地城市的出行量要低于平原城市出行量的 4/5。因此,在进行山地城市 TOD 设计时,出行方式是一个很重要的因素,应将其协调入建筑设计中,才能把人对空间的体验放在第一位,设计出的作品才有实际意义。

3)山地城市 TOD 文化形象设计应符合地形文脉传承

城市的构成单位是一个个的建筑或建筑群落,而中国古代的很多城市由于战争、宗教等因素依势而建,其中山地城市建筑在中国古建筑史上有着重要地位。如玄空寺、敦煌石窟等建筑,山城重庆、丽江古城等,都是沿着蜿蜒的地势形成别具特色的城市肌理。山地城市 TOD 建设更应充分考虑地域特征,依山而建,与自然景观融合。

4)山地城市 TOD 文化形象设计应符合山地的布局规划特色

常见的平原住宅的布局形式有组团式、行列式,这种布局形式虽然易于设计,但是人造感太重,如果生硬搬入山地之中,会破坏原有的山地形态,因此山地城市 TOD 建筑群的布局方式最好顺应山形,沿着等高线的曲线方向布置。这种布局形式在造型上更好地呼应了自然形态,如同是山体中生长出来的建筑,而且由于建筑布置顺应山形,和规则的行列式布局相比会大大减少土方量施工。

5)多方参与山地城市 TOD 开拓性设计

规划与设计不能只是政府部门说了算,更不能只是规划设计者的事,应贯彻群众参与的原则,采取访问、座谈讨论、问卷调查等方式广泛征求、吸取群众的意见。

山地城市 TOD 设计是一个需要不断实践、努力创作的过程,也没有一个放之四海而皆准的设计方法,更无可套用的设计过程,这成为调动建筑师积极性的因素,使得设计者拥有更加开创的思维和更勤奋的实践能力。

6.4.2　山地城市 TOD 文化形象设计类型

山地环境决定了山地城市 TOD 的形态特征。影响山地城市 TOD 形态的主要因素有坡度、坡面朝向、海拔高度、自然肌理。古语有云:"土木之事,最忌靡费",也就是说建筑施工要尽量减少工作量,因此山地城市 TOD 尽量采取"减少接地"的接地形式,以尽量保持地表的原有地形和植被。如果建筑体量较大,或者山势比较陡峭,若将建筑设计成为一个集中式的单体,无论其形状如何都是对自然山形的破坏,或者说建筑本身成为一个惹眼的视觉焦点。若建筑设计的初衷不是为了强调建筑本身,则可以采用"不定基面"的原理,将大型建筑化整为零,当然这需要对建筑功能进行审慎分析,合理布置功能分区的同时又加强分区之间的联系。

建筑形体是建筑的外在表现形式,在进行山地城市 TOD 设计时,首先考虑的是通过建筑传达一种什么样的建筑情绪,是以建筑为表达主体的建筑形式还是将建筑消隐在优美的自然环境中,这种主题的确定会影响山地城市 TOD 的空间形式。山地城市TOD 创作的影响因素有很多,既受限于山地环境,同时灵感又来源于山地地形,但是决定性的是建筑师对山地环境的态度,因为无论是迎合山地地形,或者是反其道而行之,都是从正或反的方面将自然环境表达融入建筑中。通过对山地城市 TOD 形体的总结,可以把山地城市 TOD 的表现分为以下几类:

1)融合型

融合型即融入山地原有环境的建筑形式。建筑与各山体地段的融合是建筑设计的重点,是一种对自然的谦让态度,建筑环境更富有人情味,更亲和自然。山腹、山谷、山麓等地段的山地城市 TOD,更多运用融合型的建筑形式。建筑融入山地环境,意味着:建筑形体顺应山势;建筑形体与山地肌理(植被、水流等)的融合;建筑外形与山形的统一。

如果建筑基地自然风光秀丽,那么许多建筑师采取的设计态度就是在满足设计指标的要求下最大限度地尊重自然地貌,可以大致总结出"小""散""隐"几个特点。以安藤忠雄著名的直岛地中美术馆为例,建筑位于风景优美的山区,建筑规模也很大,因此建筑师将建筑体量分解成若干个院子,为了将院子隐蔽,采用自山体垂直向下挖出一个地坑院,然后建筑空间围绕这些采光的天井布置,其建筑形式与山西传统的地坑院住宅相同。这样,当游客站在山顶远眺时,没有生硬的建筑从山坡拔起而影响自然景观,建筑都埋在山体里,通过地坑采光。再以印度喀瓦兰姆海滨酒店为例,为达到与山体形状融合的效果,设计台阶式坡屋面与山体斜面相呼应并穿插椰树,同时形体与地势协调。山地城市 TOD 与地面肌理的结合也是建筑与山体的一种融合方式,地面肌理主要包括自然植被、山石和水流。由于建筑是人工筑成,天生与自然的山体树木形成矛盾和对立,但是建筑师可以通过巧妙的建筑设计和材质的配合来削弱建筑的存在感。

2)共构型

"共构"就是山地城市 TOD 把山地作为自己的一部分。这种山地城市 TOD 多是利用山地高差,便于建筑形体借助地形以形成新的景观。这种做法通常是将建筑布置在山地的显著位置——山脊、山顶或山腰的隆起部分。这种做法较常见于古典建筑,如希腊的雅典卫城,坐落在山峰之上,顺势而建,给人以神圣威严的气势;又如我国西藏拉萨的布达拉宫,宫殿下的山脉如同建筑的基座一般将建筑烘托出来。建筑顺应山势,形成一体,建筑借助山体给人以雄伟的震撼,山体也由于有建筑的依附将山峰补齐而显得更加壮丽。

再如日本的难波公园(图 6.15、图 6.16),邻近难波火车站,离机场一站之遥,将城际列车、地铁等公交枢纽与办公、酒店、住宅完美结合。远看该建筑是一个斜坡公园,从街道地平面上升至 8 层楼的高度,层层推进、绿树茵茵,仿佛是游离于城市之上的自然绿洲,与周围线形建筑的冷酷风格形成强烈对比,成为嘈杂背景下一处生动、温馨的街景。

图 6.15　日本难波公园鸟瞰图

图 6.16　日本难波公园实景图

3）超越型

从表面上理解，"超越型"山地城市 TOD 是脱离山地环境而要表现建筑本身。如有些建筑设计以和山坡角度相反的方向插入山体中，典型的例子是山西大同的玄空寺，从峭壁上悬挑出来的建筑体无疑是对当时人工技术极限的一种挑战。但实际上这些建筑通过自己的气势反而更加强调周围山地环境的特点，可以说是从反面对山地环境的一种回应。因此，超越型建筑形体不仅仅表现出自己应有的建筑性格，同时也将山地的险峻烘托的更加鲜明。现代建筑的典型例子如重庆万州天子湖住宅区的一个中学，其教学楼布置在两个长方体的空间内，同时向两个方向悬挑，就如同两条巨龙横亘在山脊之上。这种强烈的、激情的建筑语言使建筑有冲击山体的感觉，令人震撼。

又如法国里尔站商业综合体，其建筑外形不同于当地的普通建筑，拥有自己的语言与特色（图 6.17、图 6.18），其独特的建筑美学给整个城市增添了光彩，给使用者创造了不一样的空间体验感。这种超越型设计手法从本质上讲不仅适用于山城，也适用于平原地区。

图 6.17　法国里尔站商业综合体

图 6.18　法国里尔站空间实景图

6.4.3　山地城市 TOD 文化形象设计策略

1) 山地城市 TOD 天际轮廓的创造

建筑师在进行山地城市 TOD 文化形象设计时,应考虑到建筑的造型不仅仅属于建筑本身,而是属于整个山地环境。在山地环境中,一切建筑空间的存在实际上应当作山体形态构成的一个有机元素,是山地自然地貌的一种延续。而山地城市 TOD 文化形象设计的天际轮廓景象创意,更是体现山地城市文化形象的重要特质,这也是山地城市 TOD 中地形地貌对建筑起积极作用的突出表现之一。从自然环境、人工环境、生态环境等方面来看待山地城市的规划与山地城市 TOD 的创作,其愿景是为了创造一种更适合于人类生存与发展的高质量的城市空间环境,这也是符合时代发展需要的。充分利用山地城市的自然优势,发扬中国传统山水文化,建设良好的生态环境,是实现城市可持续发展的最好模式。

重庆挟两江而拥群山,江河回转,山脉绵延,山中有城,城中有山,城市轮廓线壮丽多姿,呈立体城市之风貌,它有别于其他城市的艺术魅力均在于此,较之其他城市的规划设计难度也正在于此。重庆的城市立体轮廓线与其自然地理条件、城市的总体布局结构和城市设计有密切联系,它决定了山城重庆的建筑规划布局必须是顺应自然、结合地形、由低到高、分层次地展开,从而表达出独特的层次感与错落感。结合以上分析,不难看出,对城市中心地带、滨江地区、重点开发地区必须进行分区整合与建筑体量、修建总量的控制,要从城市长远综合效益着手,从有利于优化城市生态环境、创建山水园林城市的总体目标出发,精心加以组织。设计中必须正确处理利用地形与改造地形的关系,切忌大填大挖或乱填乱挖,避免大面积的植被破坏、水土流失,引发滑坡、塌陷等次生地质灾害,以至于改变山地丰富的自然地貌,使山地特色丧失殆尽。

在总体上把握系统创作观,在山顶上设计应注重对天际轮廓的创造,在山脚下设计应注重建筑与山地环境的协调,这就是规划师和建筑师所必须具有的山地城市 TOD 设计理念。只有这样才能打造出层次丰富、景色壮观的天际轮廓。

2)山地特色 TOD 与吊脚楼文化的创造

"山地特色"意在说明因地理、民俗等的不同产生的独特而深远的山地文化。只有在山地文化与吊脚楼等山地元素的相互交融中,才能深刻体会山地城市文化的博大精深。同时,具有山地特色的 TOD 理念与吊脚楼等元素融合,对发扬山地文化及创造新的吊脚楼形式有着重要意义。

山地城市因其独特的地理特征使其呈现不同于平原城市的生存环境,这种生存环境给人们的衣食住行造成了种种不便,但正是这种环境促成山地人民吃苦耐劳、坚韧不拔的性格特征,也促进了不畏艰辛、勇于进取的山地文化的发展。山地人民在相对艰苦的环境中充分发挥自己的聪明才智,不断创造出富于山地特色的山地城市 TOD,吊脚楼就是其中的杰出代表。

老重庆的吊脚楼极具特色。长江、嘉陵江从重庆城穿过,城区就有两江四岸。在那江边悬崖上,到处都有几根木棍支撑的一间间四四方方的木楼。远远望去,像是鸟笼,歪歪斜斜,但面对风吹雨淋、洪水侵蚀,依旧屹立。吊脚楼从一个侧面反映了重庆人的独特,这与四合院民居反映北京人的大气和安稳,与石库门建筑反映上海人的精细和开放,显然是不同的。如今重庆主城区的吊脚楼日益减少,但吊脚楼所反映的重庆人的顽强精神却依然存在。

吊脚楼不是穿斗结构就是捆绑结构,临崖而筑,呈群落布局,通过纵横台阶相联系,依山而就。部分吊脚楼向江河一面挑出一个露台,作为晾晒衣物、休息娱乐的场所。简陋的吊脚楼是千百年来重庆人在贫困的经济条件下充分利用自然条件修建的栖身之处,最能体现重庆人的生活观和不屈不挠的意志,展现了独特的山地城市风格。

在经济与科技高度发展的当代,应充分继承与发扬传统山地文化,同时创造出新的吊脚楼形式,既克服其不利的一面,又充分保留其体现山地特色的一面。要用新型的材料和新的设计理念,使吊脚楼文化发扬光大,使建筑真正成为山地的有机部分,成为生长于而非建造于山地的新形式。

3)山地城市 TOD 与夜色景观的创造

重庆市区三面临江,一面靠山,倚山筑城,建筑层叠耸起,道路盘旋而上,城市风貌十分独特,由此形成奇丽夜景。初夜的山城,以繁华区灯饰群为中心,以干道和桥梁华灯为纽带,以万家民居灯火为背景,层见叠出,构成一片高下井然、错落有致、曲直相因、远近互衬的灯的海洋。车辆舟船流光,不停穿梭于茫茫灯海之中,且依稀响起喇叭、汽笛、欢笑、笙歌之声,给夜山城平添无限动感与生机。山城夜景自古雅号"字水宵灯",为清乾隆年间巴渝十二景之一。因长江、嘉陵江蜿蜒交汇于此,形似古篆书巴字,故有"字水"之称。特殊的山地城市 TOD 建造形式成就了山地城市特殊的夜色景观,这是山地城市所独有的,因而也就弥足珍贵。

在进行 TOD 一体化设计时,一定要从仰俯视线的景观分析着手,充分考虑人行、车行,静观、动观等不同角度,力求从点、线、面、体全面而细致地把握山地夜色景观的多样性,展现夜色景观的标志性和地域性,把局部的单体设计看作整体景观的有机组成部分,使夜色景观俯仰皆成文章。

4)山地城市 TOD 阶梯创造

对于建筑师而言,需要考虑在山地上设计怎样的建筑才是最经济、最符合山地城市 TOD 设计理念的,才能把地形地貌这个约束条件转变为建筑设计自身的特点。通常有以下几种山地城市 TOD 的处理手法:

(1)阶梯式

阶梯式房屋具有与建筑场地地形坡度相应的阶梯体形,既适应了山地地形特点,又能使建筑打破几何形体的单一性,使建筑本身富于变化。它还可细分为:将房屋设计成高度相同、竖向错动半层或一层的各单元,称为跌落单元式,适用于较小坡度的地形;另一种是将通廊或回廊布置的各层作水平移动,每层都有与外界的出入口,称为阶梯走廊式。

(2)台阶式

在平行坡度方向和垂直坡度方向都有一或二层相互联结成一体的居住体拼接而成,并且利用下层单元的屋面作上层的阳台,适用于较大坡度的地形。

(3)变层式

变层式房屋的屋面在同一水平面上,而建筑体内房屋各部分的层数随着山地高差而变化。

上述只是对一些规则单元体建筑的简单举例说明,建筑创造就是要在这样的基础上创新和发展,使建筑更人性化,为人而用,同时又具有自己的风格。

第7章 山地城市 TOD 生态智慧设计

7.1 TOD 生态特征

7.1.1 绿色生态

1）公园城市

当我们从理论上探求彼得·卡尔索普提出的 TOD 理论模型或发展模式时，都知道他是在《未来美国大都市：生态·社区·美国梦》一书中提出的，当时也提到了生态理念。虽然看上去他是在提 TOD 的发展模式，但如果以他整个理论体系作为背景来研究，会找到一些关于 TOD 的有趣线索。从 1986 年他与西姆·范·德·莱恩一起出版《可持续社区》到 1992 年出版的《未来美国大都市：生态·社区·美国梦》，再到 2014 年出版的《TOD 在中国：面向低碳城市的土地使用与交通规划设计指南》和 2017 年出版的《翡翠城市：面向中国智慧绿色发展的规划指南》，从提出城市发展无序蔓延的问题，到 TOD 作为新城市主义理论的推动，再到增加绿色建筑以及可持续基础设施的概念，可以看到在彼得·卡尔索普提出的 TOD 理论的整个发展脉络的背后，都贯穿着可持续发展这一更高维度的理论本质。

因此，我们谈山地城市 TOD 生态智慧设计，本质上是在研究山地城市的可持续发展问题。TOD 不仅局限于促进公共交通出行的行为，其对于城市结构的改变，也能带来更多的土地增值和集约利用，同时扩展到更广泛的社会及环境层面，去解决快速城镇化、资源匮乏、人口高密度及健康等问题。说到 TOD 与可持续发展，就不得不提"公园城市"的发展理念。2018 年 2 月，习近平总书记在成都视察时指出：“天府新区是‘一带一路’建设和长江经济带发展的重要节点，一定要规划好建设好，特别是要突出公园城市特点，把生态价值考虑进去，努力打造新的增长极，建设内陆开放经济高地。”习近平总书记提出的公园城市，正是基于可持续发展理念的城市发展范式，是高质量背景下城市建设新模式的探索。公园城市作为全面体现新发展理念的城市发展高级形态，坚持以人民为中心，以生态文明为引领，是将公园形态与城市空间有机结合，产生生活生态相宜、自然经济社会人文相融的复合系统。虽然“公园城市”发展理念是在习近平总书记视察成都时提出的，但并不意味着这是适合成都的独有模式。“公园城市”发展模式的本质是可持续发展，这和 TOD 发展模式的本质如出一辙，可以说要想发展公园城市，TOD 是必经之路；同时，要想做好山地城市 TOD 生态智慧设计，必须以公园城市为背景来研究山地城市，也就是立体公园城市。

山地城市具有其独特的城市形态，“立体”是山地城市给人最直接的印象。TOD 作为可持续发展的城市开发模式，旨在提倡在公共交通枢纽周边进行混合功能及高密度集约开发，强化对地下和地上空间的充分利用，实现土地的集约化利用，其一大关键词就是“立体”。立体生态，狭义地说，是从垂直空间的角度解决景观设计的具体设计手法；广义地说，是人与自然的多维度和谐统一。立体公园城市，广义地说，是从城市背景来探索人与城市、自然的多维度可持续发展体系。

公园城市，字面上分为“公园”和“城市”。公园在古代是指官家的园子，而现代一般是指作为自然观赏区和供公众休憩游玩的公共区域。按照《公园设计规范》中的术语解释，公园是向公众开放，以游憩为主要功能，有较完善的设施，兼具生态、美化等作用的绿地。城市是“城”与“市”的组合词。《管子·度地》说“内为之城，外为之廓”，“城”是行政地域的概念，即人口的集聚地；《易经·系辞下传》说“日中为市，致天下之民，聚天下之货，交易而退，各得其所”，“市”为商业的概念，即商品交换的场所。这两者是农业文明下城市的原始形态。

自工业革命后，城市快速发展，自然却逐渐在消失。人们也在不断地探索城市发展建设与自然生态景观之间的关系重构。在现代主义理论中，景观与自然生态几乎被划上了等号，同时城市与景观的二元对立论观点也一直备受推崇。自纽约中央公园建成以来，公园的概念除了被认为是绿色的休憩游戏之地外，其本质并没有发生太大的变化。公园，通常被认为是人为的将自然景观的一些元素和特征搬到城市中来，是城市中的绿岛，是人们逃离喧嚣的避难所。而城市与公园，则成为两个相对独立的部分。从纽约中央公园到伦敦海德公园再到巴黎拉·维莱特公园，这些举世闻名的公园虽然在改善城市环境中起到了一定的作用，但公园与城市是相对独立的状态，公园只能是调节剂，无法成为根治“城市病”的良药。因此，超越工业文明，解决“城市病”的问题不仅依赖于当前技术及其系统的调整、优化和完善，还依赖于制度变革、经济和城市发展范式转换以及人与自然关系重构。

2）变绿为金价值转变

生态文明是工业文明发展到一定阶段的产物，是人与自然协调发展的新要求。习近平总书记指出:"我们既要绿水青山,也要金山银山。宁要绿水青山,不要金山银山,而且绿水青山就是金山银山。"这生动形象地表达了我们党和政府大力推进生态文明建设的鲜明态度和坚定决心。要按照尊重自然、顺应自然、保护自然的理念,贯彻节约资源和保护环境的基本国策,把生态文明建设融入经济建设、政治建设、文化建设、社会建设各方面和全过程,建设美丽中国,努力走向社会主义生态文明新时代。

"城市里的公园"是以城市为脉络,类似于中医疗法,通过疏通"经络""穴位"的传导作用,也就是通过改善城市局部小气候,使得粉尘、汽车尾气等得到有效抑制,对于改善城市生态环境、居住环境和保护生物多样性起着积极、有效的作用。"公园里的城市"是调整城市空间结构,形成更高质量、更高效率、更加公平和更可持续的空间发展模式,是以绿道、水网串联,构建山水生态底、郊野公园群、城镇绿化网无缝衔接的全域生态体系。

从"城市公园"到"公园城市",绝不仅仅是顺序调换这么简单,这是基于可持续发展理念的城市发展新模式,是高质量背景下的城市建设新探索,是人民美好生活及推进绿色生态价值转换的重要抓手,在城市规划建设史上具有开创性意义。"公园城市"是"公""园""城""市"四个字的含义总和。"公"代表公共性,对应公共交往的功能,公共性就是指设施要开放给大众,让百姓受益;"园"泛指各种游憩境域,对应生态系统;"城"对应人居与生活;"市"则对应产业经济活动。概括来说,就是公共基础下的生态、生活和生产。

TOD 作为优化我国大都市空间结构的方式,是以轨道交通建设为基础,由轨道线网顺应城市规划逐渐向城市依托轨道发展转变,由"城市里的轨道"向"轨道上的城市"转变,和"城市公园"向"公园城市"转变异曲同工。以 TOD 模式打造立体公园城市,有利于国土空间开发格局的优化,有利于节约资源和保护环境,有利于产业结构、生活方式、生活环境的可持续发展。

3)公园城市场景营造

公园城市建设方兴未艾,理论实践探索任重道远。公园城市要回答的是城市发展步入新的阶段、社会进步达到新的境界之后,要建设什么样的城市,城市怎么让人们生活更美好的根本问题。公园和城市的建设是物化的外在,而以人为本的自然设计来营造各类生活场景则是公园城市的价值凸显之处(图 7.1)。

(1)山水生态公园场景

依托优秀的山水本底,以大型水面及山体绿地为核心,以区域级绿道为骨架,城市级绿道和社区级绿道相互衔接,构建绿道体系,串联城乡公共开敞空间,丰富居民健康绿色活动,提升公园城市整体形象。植入生态保护、健康休闲、文化博览、经济发展、慢行交通、农业景观、海绵城市、应急避难等功能,营造多元场景,增强经济文化扩散效应。

图 7.1　公园城市场景示意

（2）城市街道公园场景

围绕绿化空间，织补绿道网络，按照"公园+"布局模式，形成公园式的人居环境、优质共享的公共服务、健康舒适的工作场所，植入新功能新业态，凸显社区文化主题，构建绿色出行体系，打造亲切宜人的城市街区公园场景。面向街区内不同人群需求，营造多种生活街区场景，让人们在生态中享受生活，在公园中享有服务，促进人情味、归属感和街坊感的回归。

公园城市，要使公园的公共性得到充分体现。现有的城市发展模式中存在着大量与房地产开发项目结合在一起的绿色空间，这些绿色空间被小区封闭，受益者只是居住在小区的居民。这种住宅小区的内部公园管理模式，已经丧失城市公园的公共属性。可以看到，许多城市并不缺乏绿色空间和绿地公园，但是被一个个小区圈着，与社会隔离，从而造成居民所期盼的公园环境的缺失。如果要回归绿色空间的公共属性，让所有城市居民都能享受绿地公园，在未来的城市开发过程中，或许政府应该对开发商提出明确要求，把绿地空间还给城市的所有居民。

（3）产业社区公园场景

结合公园、绿地等开敞空间，以绿道串联时尚活力的产业核心与居住社区，植入产业、文创、居住、公共服务、商业、游憩等多元功能，满足各类人群的多元需求，打造创新引领的产业社区公园场景。公园城市是人们可以休憩的空间，在强化绿色生态视觉效果的同时，更要注重公园的可利用性。人们到这里游玩，还会产生更多的需求，如休闲、运动、餐饮和各种便利服务等。要满足不同阶层人们的需求，应增加公园的各种服务功能，也应增加公园可以容纳的就业空间，让进入公园的人们可以得到更加丰富的服务。近些年，许多城市公园的建设更关注的是视觉效果，而忽视了使用功能，忽视了方便的服务,更忽视了每一个空间内都可以通过增加服务内容来增加城市的就业机会。在建设公园的过程中,如果能充分考虑城市发展中居民需求多元化的变化趋势,我们的规划和设计思路就会更接地气,更以人为本,更能让城市回归自然的本质。

7.1.2 TOD 模式缔造可持续发展模式

1)可持续的土地利用

随着新型城镇化的快速推进,土地资源的稀缺性进一步凸显,加之人口不断膨胀、土地费用高昂等问题,未来土地利用将进一步向节约集约化方向发展。TOD 模式通过对城市轨道交通站点周边核心区以及车辆段上盖区进行高强度综合开发,强化对地下和地上空间的充分利用,实现土地的集约化利用。通过交通站场作为核心,建立起城市连接走廊,提高换乘效率,提升客流量。通过将零散业态进行一体化立体布置,三维发展,形成高效集约型空间(图 7.2)。

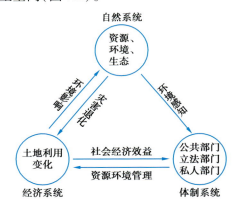

图 7.2　土地的可持续利用

2)可持续的人居环境

TOD 模式更多的是从规划及产业层面提出对城市结构的改造及重塑。以公共交通干线走向为引导的城市发展,通过综合交通换乘将各个核心节点区域连成网络,形成疏密有度的可持续发展格局。各个节点代表一个城市细胞,每个城市细胞都具有完整的城市功能。为提高城市效率,容积率由远到近、由低到高,在细胞节点处达到峰值,为城市节约出更多可持续发展空间,让生态回归,形成真正的公园城市。功能的集约化及空间的集约化,将腾出更多公共空间,提升城市品质。结构重塑促使人居环境可持续发展,便是 TOD 之于城市发展的最重要意义(图 7.3)。

3)可持续的开发运营

人流是 TOD 的核心,人流的汇聚带来价值的增长。以人流量考虑经济开发的可行性是 TOD 的根本。以轨道站点为中心,开发强度向外梯度递减,形成大疏大密的城市格局,区域"极核"效应非常明显。集约化的用地与复合化的功能,促使经济价值的

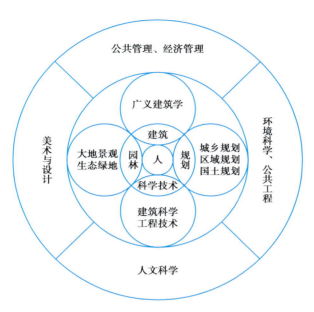

图 7.3　可持续性的人居环境关键组成部分

集中与提升,以此提高对人流的需求。轨道交通的便利及地上、地下、空中串联,立体
联通的顺畅,加上公共空间步行友好,使居民出行更加便利。日本客流量前十的车站,
不动产收入占绝大部分。而且,人流量越大的车站,票务收入占比越低,不动产及生活
服务收入占比越高。需求导向与供给导向相互协同,促使人流汇聚。人口高度集中,
必然产生大量消费,这是 TOD 项目可持续发展的坚实支撑。

　　规划、建设、运营一体化,是实现 TOD 可持续发展的重要手段。尤其是后期运营
带来的商业价值,是维持项目持续运转并获得利润的关键所在(图 7.4)。因发展阶

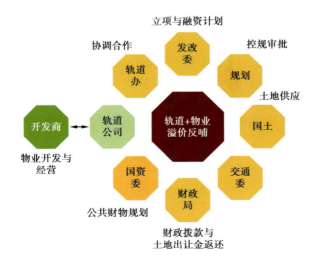

图 7.4　可持续开发运营体系

段、人口密度、开发模式、土地所有制及公共交通投资体制等原因,我国目前 TOD 模式仍停留在探索阶段。现有不少地铁上盖城市综合体,但实施开发者往往将 TOD 简单理解为站点周边地区的开发。尽管跃跃欲试者前赴后继,但真正的 TOD 模式涉及各个利益相关体且整体设计非常复杂。目前,开发商普遍采用高周转的盈利模式,TOD 模式往往停留在口号上。许多 TOD 开发是以现有站点为基础,进行站点上盖或周边物业开发,缺乏城市层面及线路层面的 TOD 整体规划引导,仅仅以短期卖地开发为结果。开发主体的不明确、政策法律的不完善、地方土地财政的压力及开发商对短期利益的追逐,都是目前 TOD 尚不能实现可持续性开发的重要原因。

日本是全世界 TOD 发展最成功的地区之一,有许多成功经验值得我们研究和学习。JR 东日本是日本最大的客运铁路事业者,除了是轨道建设和运营者外,同时也是商业开发和运营商。JR 东日本从交通出发,和政府合作,通过法律及政策的调整,促使 TOD 可持续开发顺利进行。他们对商业的业态、产品都有前期研究和规划,以车站人群的行为习惯出发考虑,指导设计及建设。同时,JR 东日本负责 TOD 项目后期运营,此举带来项目效益可持续发展,这也是值得我们借鉴的关键一环。

7.2　TOD 立体生态设计

7.2.1　见缝插绿——碎片化空间利用

1)微公园

口袋公园也称袖珍公园(图 7.5),指规模很小的城市开放空间,常呈斑块状散落或隐藏在城市结构中,为当地居民服务。口袋公园是对较小地块进行绿化种植,再配置座椅等便民服务设施。城市中的各种小型绿地、小公园、街心花园、社区小型运动场所等都是身边常见的口袋公园。口袋公园具有选址灵活、面积小、离散性分布的特点,它们能见缝插针地出现在城市中,这对于高楼云集的城市而言犹如沙漠中的绿洲,能在很大程度上改善城市环境,同时部分解决高密度城市中心区人们对公园的需求。

2)城市高架桥附属空间环境景观

随着我国城镇化进程的加快以及交通强国战略实施的推进,城市交通系统的立体发展,使得高架桥成为城市发展进程中的必然产物。而高架桥往往给城市景观和空间环境带来一些负面影响,不仅仅是空间上对高架桥两侧用地的割裂,还是城市景观上视线的巨大阻隔,极易造成压抑感。因此,高架桥附属空间的景观环境营造,在保证高架桥交通功能正常的情况下,能够有效提高空间资源的利用率,创造独特的景观空间

图 7.5　微公园示意

与活动空间,变废为宝,不仅大大节省土地成本,还能提升周边的物业价值。把高架下穿立交沿线的"边角余料"连起来,也就是把公园打散,通过一些很小的点,就可以将公园做一个最大限度的延伸(图 7.6)。

图 7.6　高架桥下景观示意

3）隧道洞门景观

山地城市由于其地形特点，车行隧道相较平原城市更为常见。隧道洞门的景观一体化设计，也是山地城市碎片化城市空间生态利用的一个重点。在保证行车安全的前提下，结合场地周边，对洞门造型进行一体化设计，让它能够很好地融合于场地环境中，并形成隧道内外过渡的舒适空间，无论是对行车体验还是对环境改善，都能起到积极的作用（图7.7）。

图 7.7　隧道洞门景观示意

7.2.2　立体绿化——吸附式公共花园

1）垂直绿化

作为山地城市，其绿化景观也应是立体多维的，尤其是垂直绿化的应用（图7.8）。垂直绿化占地少，充分利用空间，能大大提高城市绿量，增强绿化的立体效果。通过美化光秃的墙面、土坡等，还能改善城市生活环境。由于蔓性攀缘植物随着物体外形变化而变化，从而软化了建筑的生硬轮廓并与城市绿化融为一体，创造出生动的装饰效果。通过植物叶面的蒸腾作用和庇荫效果，可以缓和阳光对建筑的直射，使夏季墙面温度大大降低。有关资料表明，受阳光西晒时，绿化覆盖的墙面比无覆盖墙面的温度低 13~15 ℃。冬季落叶后，既不影响墙面得到太阳的辐射热，其附着在墙面上的枝茎又成为保温层，起到调节室内气温的作用。

垂直绿化还可以降低墙面对噪声的反射，并在一定程度上吸附烟尘。大力提倡垂直绿化，搞好垂直绿化，对提高绿视率和绿化覆盖率，合理利用城市空间，美化环境，具有不可估量的社会效益和经济效益。改善人居环境是各国共同关注的主题，而创造舒适优美的绿化环境则是改善人居环境的关键，也是实现城市可持续发展的一个重要方面。

图 7.8　垂直绿化景观示意

2）屋顶绿化

屋顶绿化可以广泛地理解为在各类建筑物、构筑物、城围、桥梁（立交桥）等的屋顶、露台、天台、阳台或大型人工假山山体上进行造园,种植树木花卉的统称(图 7.9)。

图 7.9　屋顶绿化景观示意

125

屋顶绿化对增加城市绿地面积,改善城市高楼大厦林立产生的热岛效应,改善硬质铺装产生的土壤流失,改善各种废气污染形成的沙尘暴等;对开拓人类绿化空间,建造田园城市,改善人居条件,提高生活质量,以及美化城市环境,改善生态效应有着极其重要的意义。

3)地下空间绿化

TOD 是以轨道交通为核心,强调大量的地下空间开发与人流活动,而在繁忙的地铁站、大型地下商场、地下人行步道等场所内,人流几乎占据整个地下空间。加上地下空间相对封闭,二氧化碳含量较高,空气较为浑浊,在地下空间的地面种植或摆放植物,适当引入流动的水体,部分墙壁采用垂直绿化,重点空间采用吊顶绿化等,完全可以营造出与地面环境媲美的绿化景观效果,有利于增加地下空间的生机、活力和舒适度,改善地下空间的环境质量(图 7.10)。

图 7.10　地下空间景观示意

7.2.3　有机衔接——人性化慢行系统

1)生态复合的步行慢行系统

近年来,在"规划适应小汽车"观念下,为提升交通机动性,越来越多的街道被建设成优先为机动车使用,街道仅剩下"道"的通行功能,丧失了"街"的公共场所特性。许多城市不同程度地面临着"路修到哪里,车就堵到哪里,继续修路,继续堵"的困境,交通问题日益突出,衍生出交通安全、道路拥堵、环境污染等现实问题,诱发居民亚健康、慢性疾病、社会交往丧失等"城市病"现象。生活节奏快、工作压力大,几乎成为现代人的通病,闲暇时更多的居民则希望生活能慢下来,散步逛街、步行上学、骑自行车上班,成为人们渴望的一种生活方式。

　　街道不只是城市的交通走廊,也是人们的交往活动空间,关系到人们的健康生活、低碳出行。作为绿道串联媒介——城市慢行系统,就是把步行、自行车、公交车等慢速出行方式作为城市交通的主体,引导居民采用"步行+公交""自行车+公交"的出行方式,有效解决快慢交通冲突、慢行主体行路难等问题,打造生态、复合、安全、舒适、宜人、便捷的出行系统,形成快慢相宜、刚柔并济的宜居城市交通体系,这是山地城市构建立体多层次生态体系的重要一环(图 7.11)。

图 7.11　生态步行慢行系统示意

　　城市"绿街系统"由多种类型的城市"绿街"构成,这些街道类型要素承担着不同的交通、景观及社会等功能,通过分工协作,使城市道路系统具有低碳、健康、安全、效率以及活力等多重属性。城市"绿街系统"是要素在空间上互相作用的产物,需要从交通效率与场所活力两方面考虑要素的空间分布关系,组织起有序的系统结构框架。城市"绿街系统"具有空间尺度概念,从社区的微观层面,到街区的中观层面,再到中心区以及城市的宏观层面,均有不同的层级特征。在山地城市自然山体的基础上,选择合适的山体,与周边步行道路相互联系,形成登山健身步道,方便人们平时休闲锻炼。空间开放,层次丰富,突出山地城市特色又兼顾生态多样性的景观打造,结合慢行体系经过的开敞空间、闭合空间、半开敞空间、林下覆盖空间等,营造富有变化、形式立体的沿途景观,让人们在健身休闲的同时能够真正地亲近自然。在设计中,利用山地城市独特的场地高差,做出多首层和阶梯式花园,利用多层级的互补景观,来承载城市多样化的休闲生活,包括滨水景观、滨水商业景观、住宅花园、屋顶花园、中央绿洲等。

2)安全舒适的步行慢行系统

以步行和非机动车为主的慢行体系,结合绿色交通优先的全城慢行系统,采用机非分离、快慢分离,打造城市慢行街区,无疑是对行人安全性及舒适性的有效保障。结合车速管理、安全过街设施等,形成安全可靠的慢行环境。纽约市在慢行交通空间精细化治理方面成果显著,《纽约街道设计导则》提倡"人本性"的街道精细化设计理念,提出街道设计六大原则:安全性、可达性、协调性、宜居性、可持续性和经济性。

结合商业空间、轨道站点出入口、过街天桥、过街通道等,提升 TOD 站点影响范围内地面开敞空间环境,形成宽敞舒适的步行空间。沿步行系统布置的商业,注重与城市产业和创新空间的深度融合和互联互通,其中城市产业主要包括数字、创意、文化、新经济等产业,创新空间涵盖产业空间、公共空间和智慧空间,旨在激发城市活力,让城市更加智慧化。这不仅起到服务周边的作用,还能创造产业价值,真正做到"绿水青山就是金山银山"。同时,在步行道上设置休息站、卫生间、垃圾桶等辅助设施,完善配套服务,也是全面提升山地城市 TOD 立体慢行体系品质的重要手段。对慢行系统安全舒适性的提升,不仅能够增强城市区域的归属感,还能增强可步行性,营造具有活力的步行空间,从而鼓励人们出行(图 7.12)。

图 7.12　安全舒适的步行慢行系统示意

3)通畅宜人的骑行网络

除步行外,骑行是解决轨道最后一公里的重要交通方式。18 世纪末,法国人发明了世界上第一辆自行车,解锁了人类出行新姿势。19 世纪中后期,自行车漂洋过海来到中国。然而,自行车在相当长一段时间并未受到中国人的青睐,一方面造价高昂,很多人买不起；另一方面，当时中国的道路状况不好，不适合骑车。直到 20 世纪初，自行车成为宫廷贵族娱乐的工具。民国初期，自行车在京城街头已时有出现，但自行车被视为一种奢侈品，是财富和身份的象征。19 世纪，上海市把自行车作投递邮件使用，自行车从此有了私用和公用之分，也标志着自行车的普及程度开始进入更加大众化的层面。20 世纪 80 年代，数以百万计的中国人已经把自行车出行作为主要的交通方式，但如今在中国许多城市，骑行变得不再安全便利。现在，人们已经意识到慢行体系的重要性，尤其是骑行系统。共享单车在 2017 年如雨后春笋般发展起来，共享单车的出现颇具争议，由于相关管理及政策未能及时跟上商业进军的浪潮，导致共享单车乱停乱放，反而成为城市文明里的"牛皮癣"。共享单车的火爆虽然是商家市场逐利的结果，但不可否认，这背后是人们对慢行的需求和认同。

　　由于山地城市地形高低起伏较大，骑行难度较大，体验感较差，自行车并不适合每一个场地。山城重庆大部分路都不能骑单车，因为坡道太多，太难骑，上坡又非常难，下坡又很容易发生意外，所以共享单车的公司并没有将重庆列入大量投放单车的范围。这是客观条件导致的共享单车未能在山地城市火爆的原因，但并不代表山地城市不需要骑行体系。结合慢行天桥、自行车隧道、自行车专用道等，编织成网，形成安全快捷的骑行网络，才是山地城市慢行系统需要重点考虑的问题之一。在保证自行车道通畅性与步道景观多样性的同时，结合水系布局，形成山水交融的公共骑行空间，来增加骑行网络的丰富性（图 7.13）。

图 7.13　骑行网络系统示意

4）便捷高效的换乘体系

　　TOD 模式以公共交通为导向，强化交通的连接性，将不同交通体系进行立体组织,建立与周边地块功能的无缝连接,提高换乘效率。换乘空间可以与周边的公共空间、商业空间、生态空间等形成紧密连接,这是交通体系中的去交通化,而它的输出可交叉到不同的层面,包括和其他交通工具的换乘,和其他商业、办公、居住等功能的衔接,尤其是生态空间,能够激发人与人的社交、人与自然的邂逅。山地城市的立体特性,导致其不同城市功能通常分布在不同的标高层面,需要通过垂直交通核、空中连廊、地下通道、跨街天桥等进行连接,形成立体多层次的换乘绿核(图 7.14)。

图 7.14　高效换乘示意

　　国内目前在便捷换乘体系方面还有很大的提升空间。以轨道站点出入口为例,目前大部分城市的轨道站点出入口有 2~4 个,而且几乎仅仅通到地面,人们到工作或居住地还需要换乘另外的交通方式。反观日本东京,东京大量的工作或居住地在距离车站约 1 km 范围内,出站后,人们通过步行或非机动车便能到达,极大地提高了人们乘坐轨道交通的意愿和便捷程度。以新宿站为例,有超过 200 多个轨道交通出入口和周边土地功能无缝衔接。TOD 模式使轨道交通末端方式以步行为主占 80% 以上,在途时间大幅缩短,门到门出行非常高效,TOD 改善了出行方式。

　　当交通自身的换乘以及交通和其他城市功能的换乘真正方便时,人们才更愿意选择公共交通和低碳出行,才会更多的选择慢行体系。当慢行体系高度发展之后,才能改变人们以小汽车出行为主的交通方式,才能实现公园城市,也才能实现城市可持续发展。

7.3　TOD 智慧应用设计

7.3.1　智慧能源

智慧能源简单来说是互联网与能源生产、传输、存储、消费以及能源市场深度融合的能源产业发展新形态,具有设备智能、多能协同、信息对称、供需分散、系统扁平、交易开放等主要特征。智慧能源不仅是一个概念,也是一种产业,是能源、互联网与技术的结合体。可以说,智慧能源是一个高效、互动、融合的能源体系,是集成了各类能源管理系统的顶层系统体系。它采用专业智能化技术和手段,来实现高效、节能、清洁的目的(图 7.15)。

图 7.15　智慧能源示意

7.3.2　智慧生活

目前,我国多个城市在上下班高峰期都十分拥堵,而这种情况在二、三线城市也已成为常态。交通拥堵不仅增大运输经济成本,同时使公众在途时间大大增加。出行应急响应是交管部门在出现紧急情况时,通过应急方案对处于紧急状况的人员及车辆作出规定,保障有序地救援,减少损失。出行事件响应缓慢的原因是信息收集缓慢、决策缓慢以及信息发布不到位,从而导致拥堵严重、事故频发。汽车数量增加导致的另一个问题是停车信息少、停车困难。在多点且有限的空间内高效解决停车问题,能维持城市和谐,尽可能缓解交通拥堵状况。而出行管理手段的落后,导致需要在现场部署大量警力、人力对出行现场信息进行采集与处理,浪费了大量人力、财力。

智慧交通领域,基于自动驾驶、5G/V2X 技术、人工智能、云计算等信息技术,与汽车产业、交通管制等方面深度融合,将传统交通运输业和互联网进行有效渗透,围绕数据资源高效利用,并利用卫星定位、移动通信、高性能计算、地理信息系统等技术实现城市、城际道路交通系统状态的实时感知,准确、全面地将交通路况通过手机导航、路侧电子布告板、交通电台等途径提供给人们。通过智慧出行建设,能够充分保障出行安全、发挥出行基础设施效能、提升出行系统运行效率和管理水平,为人们出行和可持续经济发展服务(图 7.16)。

图 7.16　智慧出行示意

7.3.3　智能应用

1）智能雨水收集系统

山地城市 TOD 在智慧生态建设方面,是结合智慧城市、生态城市、绿色城市、数字城市、公园城市等多种特点为一体,从而达到人与自然环境和谐共存的社会发展形态。

集中雨水收集回用是解决水资源紧缺与社会经济发展之间矛盾、缓解城市水危机、改善城市水环境的有效措施。雨水利用直接增加了可供水量,减少了市政供水,还能减少地下水开采量,有效补充地下水,防止地下漏斗扩大和地面沉降。雨水利用减轻了市政给排水设施的负担,降低了城市排水设施的规模,节省了城市给排水设施的基建投资与运行费用(图 7.17)。

图 7.17　雨水收集利用示意

2）智能光导系统

TOD 以轨道交通站点为核心,连接大量的地下轨道站点、地下广场、地下商业等地下空间,甚至包括车辆基地上盖后车辆基地盖下作业空间,它们都无法获得直接的自然采光。这就导致照明用电在能源消耗中占有相当大的比重。而地下空间导光能够通过合理设计,积极采用导光管技术为各类难以直接使用自然采光的建筑空间提供照明,改善地下空间的舒适性,这对节约能源、保护环境具有重要意义(图 7.18)。

3）智能景观系统

优化人居环境质量是现代风景园林设计的主旨,需要感性与理性、艺术与科学达成统一。智慧景观是基于连接性和创新性,让环境和个人走向更好生活的事物,是更高层次的景观追求。智慧景观包括可持续的蓝绿基础设施和可持续的绿色管理模式,

图 7.18　地下空间导光示意

需要具备可持续性、多功能性以及适应性等方面的功能,还需要有强大的自我恢复能力和弹性,以及技术的驱动。在智慧景观中运用的技术主要是现代信息技术,也就是通常所说的数字技术。数字景观可以说是智慧景观的主体。东南大学建筑学院成玉宁教授认为,数字景观方法与技术可以助力风景园林研究、设计、营建与管控全过程,让规划设计方案的生成更具科学性与理性。从手工模型、电脑建模到虚拟现实,数字技术与方法的运用可以突破传统设计中表现手法、建设材料、施工人员与工具等限制,极大地释放园林景观规划设计师的创造力(图 7.19)。

图 7.19　智慧景观示意

第 3 篇

山地城市 TOD 设计实践

第 8 章　山地城市 TOD 开发案例实践

8.1　城市级 TOD 开发案例实践

8.1.1　项目缘起

　　重庆处于丝绸之路经济带、中国-中南半岛经济走廊与长江经济带"Y"字形大通道的联结点上,是"一带一路"和长江经济带的重要节点,是西部大开发的重点区域和重要增长极,在促进区域协调发展和构建全方位开放格局中具有重要的战略地位。重庆定位为全国性综合交通枢纽、重要中心城市和长江经济带西部中心枢纽。

　　2016 年 3 月国务院常务会议通过《成渝城市群发展规划》,提出要以重庆、成都为中心,引领成渝城市群发展,带动相关板块融合发展。成渝城市群是中央批复的第四个城市群。推进成渝城市群一体化发展首先就是基础设施互联互通。璧山是成渝城市群的关键节点,是重庆主城中心区的西大门,占据成渝发展轴线的关键区位,成渝联系通道大部分都要经过璧山区。

　　璧山整个用地为带状谷地,可以分为北部、中部、南部三块。中部规划为集聚发展片区、新璧山中心城区,是城市功能的核心载体。南部为预控发展片区,预控作为未来城镇拓展空间,现阶段依托花卉苗木产业,重点发展城郊休闲服务和观光旅游功能。本次项目的六旗片区位于璧山的北部区域,整个北部规划为优化发展片区,重点拓展城市服务和创新服务功能。

　　六旗片区东侧有璧青路,西侧有黛山大道,区域内南部规划轨道 1 号线、27 号线、璧铜线及中型轨道云巴站点,区域内北部规划成渝中线高铁、兰渝高铁及站点,紧接渝蓉高速、渝遂高速等高速通道,交通区位条件良好。区域内用地条件良好,区域生态基底较好,具有山、水自然风貌特色。

经过项目资料收集及整理,项目范围内 1 号线线位紧邻南侧六旗大道以北,并在六旗大道中段广场处设置高架站房。27 号线与璧铜线的线位紧邻 1 号线北侧,站点也处于 1 号线站点北侧,并与其并排设置。由于六旗大道北侧轨道枢纽处用地不足,成渝中线高铁将穿越六旗片区内部,区段线形平行于渝蓉高速,位于渝蓉高速南侧,紧贴六旗片区内部唯一的东西向主干道。

本项目研究范围将形成轨道 1 号线站点、璧山北高铁枢纽站点两个核心区域。1 号线站点 500 m 范围内,北侧四块地已经出让给融创房地产集团,并已进入建设阶段。东北侧六旗乐园展示体验中心也已建成。因此,站点 500 m 范围内能用地块仅剩站点南、北广场,南侧长途客运站,以及东西两块地等 5 块用地。

轨道 1 号线站点与高铁北站站点分别位于六旗片区南北两端,两个站点间的交通联系需要贯穿整个六旗片区,在规划六旗片区交通系统时需要考虑高铁、轨道与六旗乐园的接驳。因此,六旗片区的交通规划应整个片区范围考虑,而产业规划与城市设计也应整体考虑。

通过分析,本项目的规划与研究范围具体如下:

①交通系统详细规划研究范围:以黛山大道、景山大道、璧青路、渝蓉高速围合的范围。

②概念总体城市设计与产业发展规划研究范围:渝蓉高速以南,黛山大道以东,玉泉湖以西和玉泉湖以北,璧青路以西,景山路以北等未实施用地范围。

③站点片区 TOD 设计范围:包含 1 号线站点和璧山北高铁枢纽站点 500 m 以内用地两个区域。1 号线站点片区主要包含站点南、北广场,南侧长途客运站,以及东西两块地等 5 块用地。

④研究范围约为 942 hm²,设计范围约为 555 hm²(图 8.1、图 8.2)。

图 8.1　研究范围（1）

图 8.2　研究范围（2）

8.1.2　项目思考

1）六旗片区如何在 TOD 理念下进行城市规划

璧山是成渝城市群的重要节点城市,是重庆一体化区域和"西进"桥头堡,城市能级显著提升。六旗片区区位优势显著,特别是交通条件尤其突出。如何抓住其"四轨、两铁、两高速"的巨大交通优势,结合 TOD 理念对城市发展进行规划;如何在片区内实现 TOD 理念;如何利用 TOD 理念规划提升城市价值。

应对策略:在 TOD 理念下,调整片区总体城市开发强度分布情况,使得开发强度向两个 TOD 片区集中,在站点 TOD 片区范围内规划混合用地,非 TOD 片区创造更多的低密度品质空间,适当加密城市路网,增加慢行通道,创造出更多的公共空间。

2）六旗片区如何实现产业、人口快速导入

六旗片区作为城市新拓展的非核心区域,目前产业基础弱,城市功能成熟度不高,如何实现人口导入;六旗乐园即将入驻,产业升级和前瞻性产业在此落地,如何发挥产业的协同效应,形成规模集群,吸引高质量人才;双 TOD 站点布局,如何通过轨道交通改变城市格局,形成新的城市商业中心和产业聚集,提升区域能级。

应对策略:"产城人"融合发展,产业复合发展。通过交通基础设施配套支持人口导入;通过城市教育、医疗等公共服务配套导入全层级人口;通过目的性产业导入,实现产业人口在地化;通过产业配套实现外来人口本地化。六旗片区适合以"文旅"和"健康"作为核心产业,并构建产业链。

3)如何利用好六旗片区山水生态资源

基地位于缙云山与龙梭山之间,内有小山体、玉泉湖、打鼓塘水库、千佛寺等,自然资源丰富,形成"山-水-寺"的独特格局。其中,玉泉湖位居中心,璧南河贯穿南北,打鼓塘水库从西向东汇于玉泉湖,形成覆盖全域的活水系统。如何开发建设,减少对生态本底的冲击,实现土地价值与生态保护的平衡发展;如何在城市开发建设中打造绿色宜居环境。

应对策略:结合高铁线防护绿地、轻轨线防护绿地以及道路防护绿地等,打造滨水公园、山体公园、运动公园、亲子公园等多主题多类型的生态公园,构建多个绿廊与周边山体及老城区相连,营造一个山水生态公园网络;构建完整的慢行系统,串联多个公共空间。

4)轨道与高铁双枢纽之间的交通如何衔接

由于轨道 TOD 站点与高铁北站站点分别位于六旗片区南北两端,两个站点间的距离超过 2 km,高铁枢纽与轨道枢纽阻隔了几乎整个六旗产业区。轨道枢纽集合了 1 号线端头站、胶轮有轨电车的始发站、长途客运站、璧铜线与 27 号线站点。高铁北站也汇集了部分交通功能,轨道 27 号线、云巴线汇集到高铁站前广场。

应对策略:在六旗片区内部建设一条公共交通环线,不仅能够解决轨道站与高铁北站的直接联系问题,也同时满足高铁北站、轨道站到六旗乐园的出行需求,和基地内部居住社区的出行需求;选择中运量公共交通制式,通过交通预测与运能匹配解决最主要的交通出行,再辅助建立完善的慢行网路,解决短距离的衔接;对轨道站和高铁北站附近进行公交站点详细设计,做好各种无障碍设计。

5)轨道 TOD 站点片区被主干道、轨道割裂,如何进行连接

轨道 TOD 站点片区被六旗大道隔开,分为南、北两块,其中轨道 1 号线、璧铜线、27 号线的站点位于六旗大道北侧,胶轮有轨电车、长途客运站、主要的 TOD 用地位于六旗大道南侧。另外,胶轮有轨电车云巴线、1 号线、璧铜线、27 号线共 4 条高架线路横向再次将南北用地进行隔离。但站点广场下部停车场已经基本竣工,其上部无法进行大规模上盖。如何打破这种隔离?两侧功能如何进行有效连接?

应对策略:打造西南地区乃至全国首屈一指的智能生态地下商业步行街,联通六旗大道南北区域,通过地下系统把各种功能串联起来;地下商业步行街结合采光中庭、地下生态系统、智能照明系统大大提升人在通道内部的舒适性;地下商业行二级开发能够反哺部分地下连接通道的建设成本。

8.1.3 项目区域条件解读

1）现状建设分析

基地内已批项目较少,主要集中在六旗大道两侧,其余片区未来开发与建设的空间较大。

基地内已批地块共计 13 块,面积约 66 hm²,主要集中在已形成干路网的基地南部。其中 9 块未建,4 块在建,在建项目为融创云湖十里、轨道 1 号线璧山站(图 8.3)。

基地内规划建设限制条件主要包括:璧南河、打鼓塘水库等生态限制条件,千佛寺历史文化保护限制条件,高压走廊等市政设施限制条件以及已出让地块限制条件等(图 8.4)。

限制条件改善方向:整合地块利用,突显水岸特色;调整各水系四周用地,争取实现土地利用价值最大化。

改造高压走廊,优化建设空间:现状 35 kV 及以上高压走廊较多,可结合高压走廊优化用地功能选择和道路设置。

生态保护兼顾景观质量提升:使用景观创意手段,活化水岸四周的退让处理,而不仅仅是隔断绿色空间。

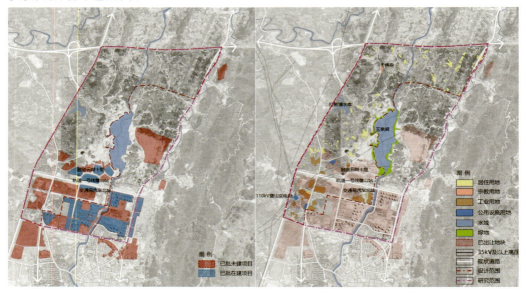

图 8.3　已建及未建区域示意　　　　图 8.4　规划色块图

2）上位规划解读

随着中国特色社会主义进入新时代,中央对重庆提出了"两点"定位和"两地""两高"目标的发展要求,重庆的战略地位进一步提升,为重庆市及各区县迎来了快速发展的黄金期,也为新时代的发展指明了方向和目标。

①落实市委、市政府对璧山发展新要求的需要。市领导调研璧山时指出:"璧山要成为全市落实五大发展理念的示范区、先行区,要构筑绿色屏障、发展绿色产业、打造绿色家园、促进绿色惠民。"

②提前谋划智造创新产业空间布局,保障重大项目落地的需要。璧山区国家高新区依靠创新打造发展"新引擎",带动大量创新产业集聚高新区,是"中新合作智慧试点区""中意创新产业园""国家自主创新示范区"等国家重大产业园区的载体。

③现行总体规划范围内存在永久性基本农田,导致城市规划的实施受到一定制约。经《璧山区"多规合一"》核查,现行总体规划与基本农田存在零星冲突,其中部分位于璧城组团、青杠-来凤组团,导致璧山未来城市建设发展受到一定制约。为此,需要对现行总体规划进行局部修改。

④坚持"生态优先、绿色发展",精细化用地布局,强化对山水资源的保护,提升城市宜居品质。

⑤实事求是统筹建设时序,优化建设用地布局。适当调整局部地区建设用地的开发时序,优化用地布局,以适应璧山区近期城市发展的需要。本次规划修改涉及用地布局调整的城市建设用地分别位于璧城组团、工业园组团、站前组团、青杠-来凤组团,具体包括调减城市建设用地 319.94 hm²,调增城市建设用地 319.94 hm²,优化城市建设用地 258.23 hm²,未调整城市建设用地 4 671.29 hm²。城市建设用地总规模保持 53.49 km² 不变。

《璧山区"十三五"规划》提出,璧山区地区生产总值达到 650 亿元,城镇化率 60%。同时,明确本项目基地片区将引入商业综合体、大型专业卖场、高档娱乐康体设施等项目,建成 2.1 km² 的轨道交通 1 号线璧山站片区。发挥高铁换乘枢纽聚合效应,着力打造城市产业综合服务区。

《重庆市国土空间总体规划(2019—2035 年)》已编制完成,其对全市的空间布局和功能结构作出了新的安排。为应对发展新形势,紧抓发展新机遇,落实国家对重庆、市委市政府对璧山的发展新要求,充分衔接《重庆市国土空间总体规划(2019—2035 年)》,开展《重庆市璧山区国土空间规划(2019—2035 年)》的编制工作,积极谋划璧山未来发展。

全面"对标对表"中央和市里要求,找问题找差距;摸清自然、人文、建设本底,划定"三区三线";明确战略定位和城市规模;谋划城乡空间布局、重大设施与平台等功能结构布局。

本规划期限为 2019—2035 年,远景展望至 2050 年。

璧山区行政辖区范围,面积为 914.73 km²。

全域空间发展策略:同城一体,扇面提升;轴网并举,全域共进。

以区域视角组织全域空间结构,强化中心城区、大路和丁家三条发展廊道上的资源聚集度,提高产业发展能级。

以一体化区域布局公共资源,实现全域城镇化,提高和完善中心城区和街镇公服配置,发展人居环境建设,向东融入主城。城乡一体,全域强化构建交通、生态、设施、文化网络。

各镇依托特色资源,打造成网络型一体化区域的特色功能节点。

全域空间规划结构:一域三片,中心集聚,北优南控。

一域:以璧山区全域作为一个整体,通过城乡统筹、区域协调,推进全域一体化同步发展。

三片:中部集聚发展片区、北部优化发展片区、南部预控发展片区。

《重庆市璧山区山水主题小镇控制性详细规划》(2019 年)将该片区定位为国际级休闲旅游度假目的地,以六旗主题游乐为核心,涵盖休闲娱乐、健康养生、商业商务、生态居住及配套服务功能的城市综合功能片区,依托玉泉湖形成"一核心、三片区"的功能结构。该小镇规划居住人口约 5.50 万人,规划范围总面积为 684.72 hm²,其中城市建设用地面积为 630.45 hm²。

3)用地规划布局

①文化娱乐区:玉泉湖以东区域。主要依托水体布局主题乐园和游览交通中心,完善滨水商业配套和文化娱乐设施,形成滨水文化娱乐和商业服务功能区。

②休闲度假区:玉泉湖以西和以北区域。结合千佛寺和康体酒店等设施,形成文化休闲和康体娱乐区。同时,结合现有水系布局开敞空间系统,周边布局居住用地。

③居住及商业商务区:六旗大道和东林大道两侧区域布局居住用地,六旗大道北侧结合轨道节点布局商业商务设施;南侧布局学校、医院等公共服务设施,形成居住及配套综合功能区。

公共设施包括公共服务设施、公共基础设施和公共安全设施。规划实施过程中,鼓励将三大公共设施以外的用地转变为三大公共设施用地进行建设,从而提升三大公共设施的服务水平。规划实施过程中,应保持规划的绿地系统、步行系统、公交系统和社会停车系统以及三大公共设施分布的系统性和均衡性,提高规划区的宜居度。

城市设计导引重点控制规划范围内滨水区、六旗大道、道路交叉口等关键位置及地区的形象设计;合理处理璧南河及其支流、山体景观背景关系,形成"山水联脉、城绿交融"的景观格局。

以璧山城乡总体规划为指导,落实上位规划,结合重庆山水六旗项目交通研究与规划咨询确定骨架路网结构。同时,结合地形地貌、用地条件分析及用地布局方案,形成与周边环境相协调的、因地制宜的自由式路网体系,完善交通设施,使规划范围内各功能分区有着合理的布置和交通联系,特别是保障六旗乐园项目大量客流交通迅速集散,避免对城市交通造成较大影响。整体空间形态及功能布局如图 8.5 所示。

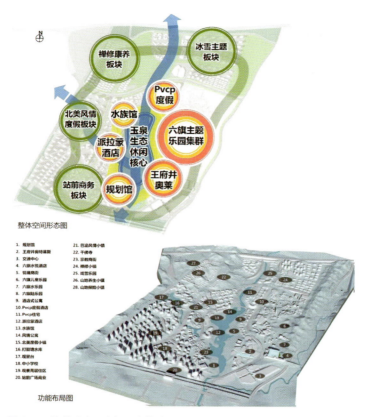

整体空间形态图

1. 规划馆
2. 王府井奥特莱斯
3. 交通中心
4. 六旗水悦酒店
5. 锦塘商街
6. 六旗儿童乐园
7. 六旗水乐园
8. 六旗陆乐园
9. 酒店式公寓
10. Pvcp度假酒店
11. Pvcp住宅
12. 派拉家酒店
13. 水族馆
14. 风情公寓
15. 北美度假小镇
16. 打鼓塘水库
17. 观景台
18. 中小学校
19. 观景高层住区
20. 站前广场商业

21. 巴渝风情小镇
22. 千佛寺
23. 宗教商街
24. 禅修商镇
25. 戏雪乐园
26. 山地养生小镇
27. 山地探险小镇
28. 山地探险小镇

功能布局图

图 8.5　整体空间形态及功能布局

4）基地及周边地块规划

根据《重庆山水主题小镇项目——六旗乐园》（2019 年），项目占地 5000 亩（1 亩 ≈ 666.67 m^2），业态包括六旗乐园、住宅及商业（图 8.6）。由于该项目占地面积较大，处于本次设计研究范围内，在功能结构、道路交通方面应充分联系，在整体空间形态、风貌上应协调处理。

8.1.4　南侧 TOD 站点产业分析

南侧区域集合了多种交通，有轨道 1 号线璧山站、城市快轨 27 号线、璧铜线及胶轮有轨电车的始发站，另外还有长途客运站等。因此南侧作为 TOD 重点核心区进行研究。

1）城市机会

通过对片区和项目的研究，南侧站点城市层面的机会来自以下几点（图 8.7）：

①成渝城市群格局初成，璧山占据中间核心节点，重庆向西，璧山跃升渝西门户；

②璧山经济发展活跃，增长势头强劲；

③人口吸附能力较强，城镇化进程加速，经济基础坚实。

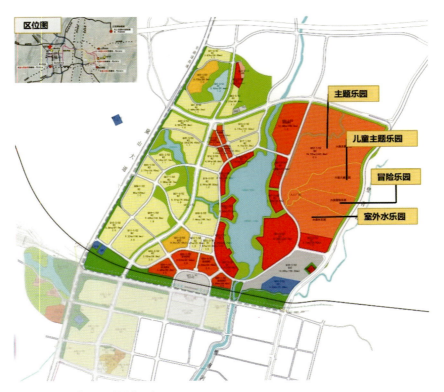

图 8.6　六旗乐园规划示意

图 8.7　城市机会分析

2）产业机会

从产业层面研究,南侧站点的机会来自以下几点:

①璧山是传统的工业城市,产业谋求升级;

②康养产业发展迅速,国家和政府各项政策支持,产业链不断完善,产业倾向融合,大健康产业大有可为;

③重庆大力发展现代服务业,康养产业成为现代服务业的核心增长点;

④目前璧山康养产业已有基础,但仍以传统的康养地产的养老院为三,缺乏现代康养产业集群。

3）项目机会

项目作为新城开发的先导区,伴随轨道交通的接驳和 TOD 规划设计理念的引入,区域具备承接主城消费外溢的功能;区域已有较大量的住宅小区,且片区规划大量的住宅用地,项目发展的人口基础已具备。从项目条件出发,南侧站点的机会来自以下几点:

①交通优势:轨道 1 号线和有轨电车等轨道交通和 TOD 的接入,交通优势凸显。

②承接主城:作为新兴卫星城,连接重庆主城,承接主城外溢的消费。

③新城先导区:区域存在大片待开发建设用地,项目处于新城开发的先导区,标杆示范作用凸显。

④人口基础:目前已有且未来规划了大量的住宅用地,区域未来人口基础深厚。

随着璧山"融城时代"的到来和城市化进程的加速,璧山房地产市场发展较快,其中住宅市场迅速发展,但商业整体发展水平较低,整体档次有待提升,业态以餐饮、零售和基本生活配套为主,缺乏沉浸式的场景打造和跨界新零售业态的融合。

a.住宅产品受市场热捧,高层和洋房备受瞩目。

b.公寓凭借小面积、低总价、灵活性,获得青年购房者、青年创业者和投资客群的青睐。

c.别墅产品对环境挑剔度高,亲水别墅,市场接受度高。

d.商业发展水平仍较低,亟待提档升级,集中式商业和主题式商业街区受到市场欢迎。

e.新城 TOD 核心区和先导区,须预留写字楼和酒店产品的空间。

4）站点发展策略

综上分析,提出南侧 TOD 站点主题定位为璧山国际智慧生活中心(图 8.8),具体如下:

①以产业为根。以健康产业为根本,以产导人,聚人成城,以"产—人—城"的逻辑,构建产业新区。本项目作为新区开发的先导区,必须优先导入产业,激活整个片区的活力。

②以商业为体。创新产业载体方式,将产业载体从传统的医院、产业园区升级到公寓、商业等载体,灵活多变,同时提高与商业的结合度,创新产业场景融合。

③以建筑塑形。本项目作为新区开发的先导区,标杆性强,因此从建筑规划入手,必须做到标杆性,从建筑外观、城市天际线、建筑外立面、建筑场景到景观等打造区域标杆项目。

④以生活为本。突出"产—城—人"的新区开发理念,以片区产业人口和居住人口的生活需求和消费需求为本,构建项目开发逻辑,促进区域人口快速导入,实现区域熙攘化。

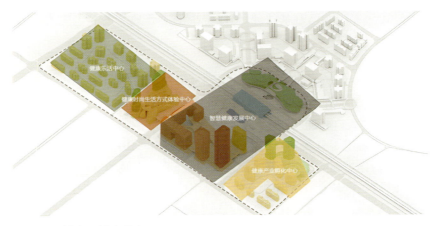

图 8.8　站点区域产业布局

8.1.5　南侧 TOD 站点交通组织

1）近期客流预测

近期客流预测如图 8.9、表 8.1、表 8.2 所示。

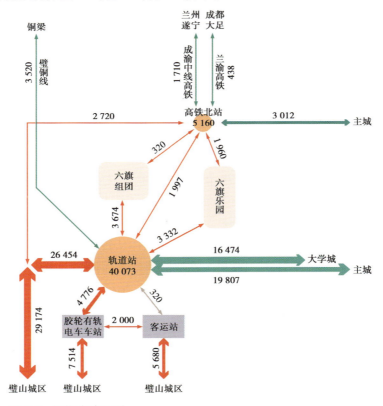

图 8.9　近期客流预测

轨道站日均客流约 40 073 人次,高铁北站日均客流约 5 160 人次,轨道站点客流量级远远大于高铁北站。

①轨道站点主要联系璧山城区与大学城、主城方向的客流,承载部分六旗乐园客流;

②轨道站与高铁北站之间的纯客流交换较弱,需加强两枢纽站的联系。

表 8.1　近期双枢纽轨道客流 OD 表　　　　单位:人次/天

O＼D	轨道璧山站	璧山高铁北站	璧山城区	六旗乐园	六旗组团	大学城	主城	铜梁	成渝中线高铁（成都方向）	兰渝高铁（遂宁方向）
轨道璧山站	/	1 837	31 230	3 332	3 674	16 747	19 807	3 520	/	/
璧山高铁北站	160	/	2 720	1 960	320	/	3 012	/	1 710	438

表 8.2　近期轨道站换乘 OD 表　　　　单位:人次/天

O＼D	1 号线	27 号线	璧铜线	胶轮有轨电车 1	长途客运	地面公交	胶轮有轨电车 2	小汽车	出租车	合计
1 号线	—	/	990	1 433	72	3 737	1 052	1 406	441	9 132
27 号线	/	—	1 485	955	88	3 425	964	1 289	404	8 611
璧铜线	990	1 485	—	274	200	690	194	260	81	4 174
胶轮有轨电车 1	1 433	955	274	—	301	329	356	110	/	3 757
长途客运	72	88	200	301	—	1 240	920	320	160	3 301
地面公交	3 737	3 425	690	329	1 240	—	/	/	/	9 420
胶轮有轨电车 2	1 052	964	194	356	920	/	—	/	/	3 487
小汽车	1 406	1 289	260	110	320	/	/	—	/	3 384
出租车	441	404	81	/	160	/	/	/	—	1 086
合计	9 132	8 611	4 174	3 757	3 301	9 420	3 487	3 384	1 086	—

2)远期客流预测

远期客流预测如图 8.10、表 8.3、表 8.4 所示。

轨道站日均客流约 45 665 人次,高铁北站日均客流约 7 770 人次,轨道站点客流量级远远大于高铁北站。

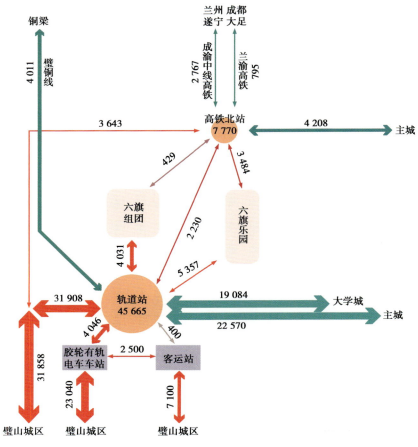

图 8.10 远期客流预测

表 8.3 远期双枢纽轨道客流 OD 表   单位:人次/天

O⟍D	轨道 璧山站	璧山 高铁北站	璧山 城区	六旗 乐园	六旗 组团	大学城	主城	铜梁	成渝中线 高铁 (成都方向)	兰渝高铁 (遂宁方向)
轨道 璧山站	/	2 015	34 261	5 357	4 031	19 084	22 570	4 011	/	/
璧山 高铁北站	214	/	3 643	3 484	429	/	4 208	/	2 767	795

表 8.4　远期轨道站换乘 OD 表　　　　　　　　单位：人次/天

O＼D	1 号线	27 号线	璧铜线	胶轮有轨电车 1	长途客运	地面公交	胶轮有轨电车 2	小汽车	出租车	合计
1 号线	—	/	1 397	1 632	157	4 547	1 197	1 693	521	11 145
27 号线	/	—	2 095	1 391	193	3 551	935	1 322	407	9 894
璧铜线	1 397	2 095	—	1 700	250	780	205	290	89	6 806
胶轮有轨电车 1	1 632	1 391	1 700	—	1 870	2 040	2 210	680	/	11 522
长途客运	158	193	250	1 870	—	1 650	1 000	450	200	5 770
地面公交	4 547	3 551	780	2 040	1 650	—	/	/	/	12 568
胶轮有轨电车 2	1 197	935	205	2 210	1 000	/	—	/	/	5 547
小汽车	1 693	1 322	290	680	450	/	/	—	/	4 435
出租车	521	407	89	/	200	/	/	/	—	1 218
合计	11 145	9 894	6 806	11 522	5 770	12 568	5 547	4 435	1 218	—

3）轨道 TOD 站点交通组织方案

通过人性化的地面人行设施、特色地下商业通廊，快速衔接各交通方式。通过地下商业通廊的形式连接南北地块，解决六旗大道分割行人动线的问题，步行时间小于 4 min。六旗乐园客流通过北地块换乘环湖胶轮有轨电车至乐园。北侧公交站主要服务轨道站前往六旗组团的客流，借助路侧广场用地设置港湾式候车站台。站点交通分析如图 8.11 所示。

图 8.11　站点交通分析

地下车库流线通过北广场车库位于地块内部道路,仅服务于车库进出口,建议设置为由西向东的单向车道。站点地下交通分析如图 8.12 所示。

图 8.12　站点地下交通分析

客运车辆由东侧开口驶入,由西侧开口驶出。公交车由东侧开口驶入,由北侧开口驶出。站点公交客运交通分析如图 8.13 所示。

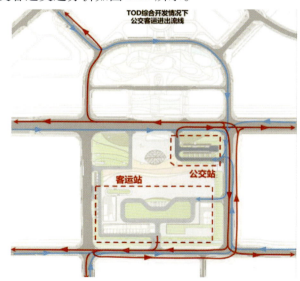

图 8.13　站点公交客运交通分析

4)南侧 TOD 站点片区交通流线

(1)交通流线组织

交通流线组织主要分为人流组织设计、公共交通流线组织设计和社会车辆、出租车流线组织设计。

不同交通设施之间换乘流线清晰合理,简捷明确、通畅,不迂回,最大限度地缩短流线。不同性质的流线明确分开,避免相互干扰。站点交通流线如图 8.14 所示。

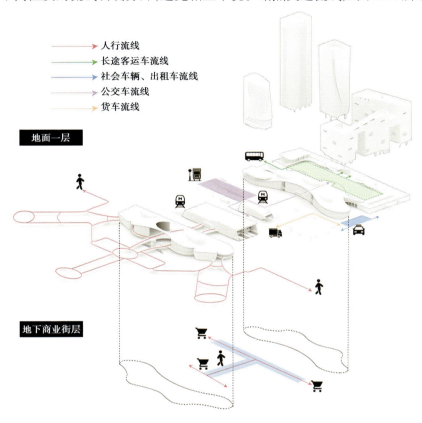

人行流线
长途客运车流线
社会车辆、出租车流线
公交车流线
货车流线

地面一层

地下商业街层

图 8.14　站点交通流线

整体形成立体无缝的交通组织体系,避免复杂的人流、车流、货流的相互干扰,提高人们出行的便捷度。

通过分析人流来源和数量,合理选择建筑出入口,将城市步行系统的延续性贯穿到场地内部。

多种交通功能叠加,合理的交通流线和功能布局,为城市提供便捷换乘、无缝对接的一站式服务空间。提高换乘的舒适度以及换乘效率,客流也推动了商业的开发,继而带动片区发展。

整个片区打造注重土地的高效、集约化开发,实现土地高效、集中开发与宏观上的分散布局相对应,整体分散与局部集中相协调,塑造宜人生活空间,实现城市结构的优化,如图 8.15 所示。

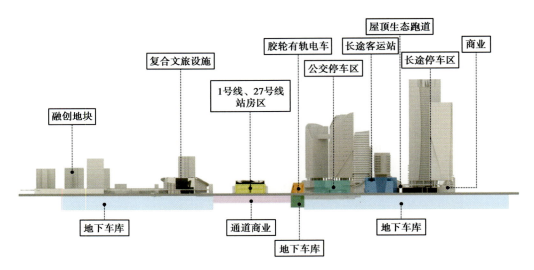

图 8.15　交通分区示意

（2）空中连廊设计

设计的空中连廊结合各种方式的组织形式,以流线的方式将各建筑连接成为一个整体,打造出兼具丰富自然元素与通行功能的人性化空间,与建筑、城市有机地融合在一起,如图 8.16 所示。

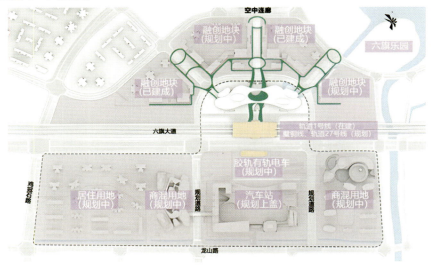

图 8.16　空中连廊示意

空中连廊可以为璧山发展打造友好的人车分行交通架构,丰富多彩的空间形态层次,多功能的城市观景平台,网络化复合公共空间,通过优化整合集约利用资源,大幅提升商圈聚合服务水平,疏解交通,提高车行交通效率。

建立了和融创地块的连接,有助于将人流引入融创地块的商业片区,实现整个商圈资源协调联动,将分散的商业、公共服务设施以及城市公共空间连接成网络。

建立了和六旗乐园的连接,一方面将六旗乐园的人流引入 TOD 站点,带动站点的发展;另一方面也为六旗乐园的人流提供交通上的便捷,有利于六旗乐园的发展,从而实现双赢。

(3)地下商业街设计

建立地下商业步行街,结合采光中庭、地下生态系统、智能照明系统,打造西南地区智能生态地下商业步行街,创造一个异常活跃、有品质的步行空间(图 8.17)。

图 8.17　地下商业街效果图

采光中庭:采光中庭的设计让空间层次更加丰富,并且形成交通枢纽,组织空间秩序。自然光线的射入也提升了空间品质。从中庭可浏览商场的各种广告牌、来往的人流,整个商业设计尽收眼底,让人的视觉变得轻松和休闲。

地下生态系统:生态建筑是当代建筑的主题,地下空间环境一般比较恶劣,因此需要打造一个舒适绿色健康的空间,绿化的引入不仅能创造富氧的环境,宜人的温度、湿度和清洁的空气,还能大大吸引人流。

智能照明系统:城市智能照明系统作为智慧城市的核心子系统,被广泛运用。智能照明系统主要具有灯光亮度的强弱调节、灯光软启动、定时控制、场景设置等功能,并具有安全、节能、舒适、高效的特点。

(4)轨道优化设计

①优化换乘设计。

为提高换乘效率,设计中将 1 号线与 27 号线、璧铜线一体化打造,将两个站的站房合并设置。

原规划:1 号线自身站内换乘,27 号线与璧铜线同台换乘;但 1 号线与 27 号线、璧铜线之间需出站换乘,较为不便。

现方案:将 2 个站的站房合并设置,可实现 3 条线站内换乘,提高了换乘效率与便捷程度,如图 8.18 所示。

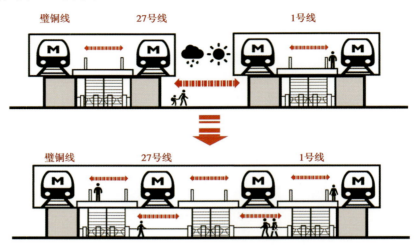

图 8.18　轨道优化

②优化轨道站房设计。

原轨道站房设计方案(图 8.19):

屋顶:坡屋顶建筑,在重庆这个雨水超多的城市能够做到不积水,有一定的隔热效果,但原有方案设计太过厚重,造型呆板,屋顶空间也不能被很好地利用。

风格:新中式风格,没有很好地融合现代建筑元素与现代设计因素,建筑的识别性和个性不强,因此仅仅以坡屋顶这一中式元素来诠释新中式风格还远远不够。

图 8.19　原站房设计

现轨道站房设计方案(图 8.20):

通过采用运动流线形外立面风格,打造新一代交通建筑,使之与周边 TOD 综合体的现代风格保持一致,完美融合,实现站城一体。

屋顶:采用流线形平屋顶,并在屋顶上种植绿化。

风格:原有的新中式风格与周边环境不协调,改成虚实对比强烈的现代建筑风格,以大面积的菱形玻璃为主结合穿孔金属板材来体现新时代交通建筑的特质。

图 8.20 优化站房设计

8.1.6 南侧 TOD 站点片区设计策略

1)建设时序的挑战

由图 8.21 可知各项目的开发时序不同,在一体化打造时需要统筹考虑,为后续开发预留足够空间,以便后期项目与已建成项目之间的衔接。

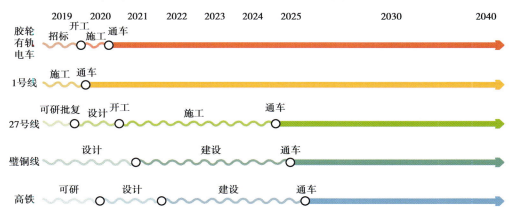

图 8.21 建设时序排布

2)用地条件的挑战

场地现状:站点周边 300~500 m 范围可开发用地较少,限制因素较多,如图8.22所示。

①项目用地北侧为居住用地地块,已出让给融创地产,其中部分住宅已建成;

②南北两广场的地下车库已施工；

③六旗大道在一定程度上将南北地块进行了分割；

④1 号线站房正在建设中；

⑤长途汽车站处于设计阶段。

图 8.22　用地条件分析

开发策略：考虑到部分项目已开工这一实际情况，为尽量减少对已建成项目的干扰，方案以 TOD 理念考虑对汽车站上盖区域进行高强度开发；同时，以轨道站为核心的 300 m 范围，包含了汽车站东西两块用地的局部区域，因此也对此区域作出调整，进行高强度开发。

3）规划构思及设计理念

（1）设计范围

以轨道站为核心半径 500 m 划定南侧 TOD 范围，是理论上最舒适的生活半径圈，涉及多块用地，以加强核心城市枢纽效应的影响，如图 8.23 所示。

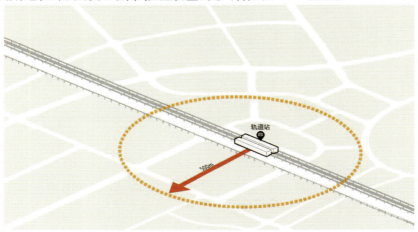

图 8.23　南侧 TOD 范围

（2）现状条件

①轨道 1 号线（图 8.24）。轨道 1 号线璧山站正在施工。这是在站点周边进行高强度、高混合度开发的前提条件，城市轨道交通的公益价值和土地的商业价值相结合，实现轨道交通综合效益的最大化。

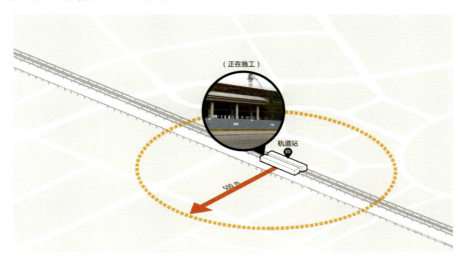

图 8.24　轨道 1 号线影响分析

②融创地块（图 8.25）。北侧融创居住地块已出让，部分地块已建成，适用地块容积率减少，对 TOD 模式的高效利用与合理规划利用提出了更高要求。

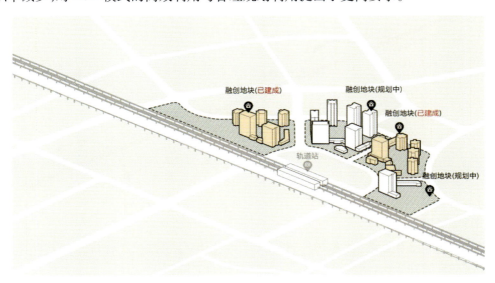

图 8.25　融创地块分析

③南北广场（图 8.26）。轨道站南北广场地下车库已施工。

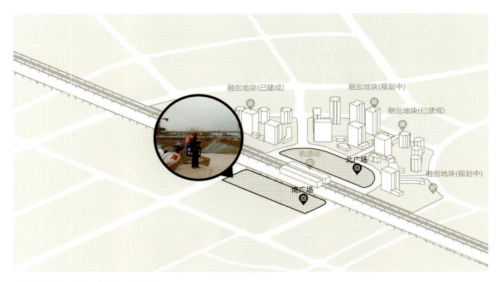

图 8.26　南北广场地下车库

④六旗大道(图 8.27)。六旗大道将区域南北两侧一定程度上进行了分割,两侧地块的资源整合受到限制,对连块之间有机合理的功能布局提出了挑战。

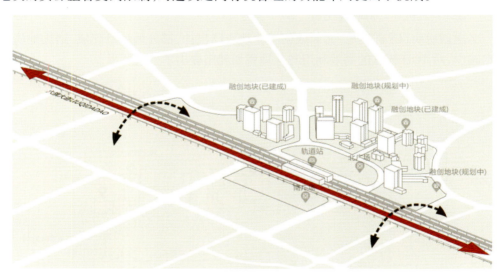

图 8.27　六旗大道分析

⑤现状长途客运站(图 8.28)。长途客运站用地已经出让并进行了方案设计,用地条件本身受到影响,诸多设计思路无法展开进行研究探讨。

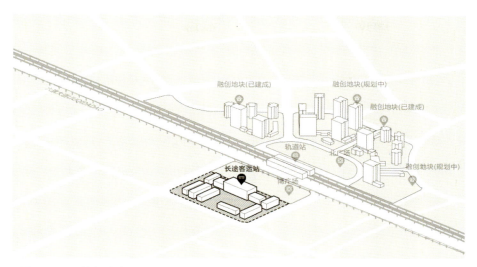

图 8.28　现状长途客运站

⑥用地条件。由于 TOD 站点爆发大量人流,所需功能应高强度集约化打造。但受建设时序制约,车站周边多处用地无法使用或进行高强度开发,如图 8.29 所示。

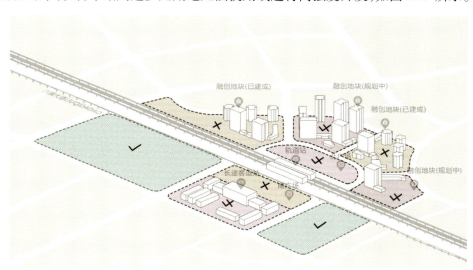

图 8.29　周边地块综合分析

(3)设计策略

①容积率转移(图 8.30)。采取容积率转移策略,将可提升的开发体量转移到汽车站上盖及东西侧两块用地上,融创未建地块的容积率也可做适当提升。

②长途客运站上盖开发(图 8.31)。为了实现 TOD 高强度开发,需对长途客运站进行上盖开发。

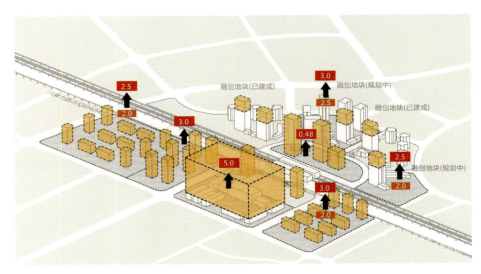

图 8.30　地块容积率转换示意

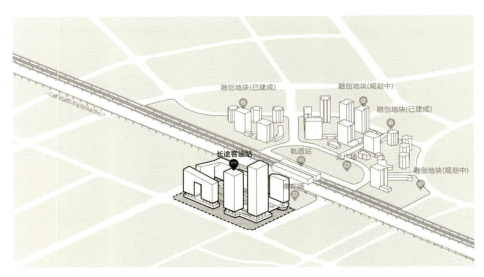

图 8.31　长途客运站高强度开发示意

③长途客运站东西两侧用地调整(图 8.32)。长途客运站西侧地块调整为商业用地+居住用地,东侧地块调整为商混用地。

④轨道站北广场上盖开发(图 8.33)。轨道站北广场地下车库正在施工,由于结构强度预留等限制因素,导致北广场只能进行适量上盖开发。

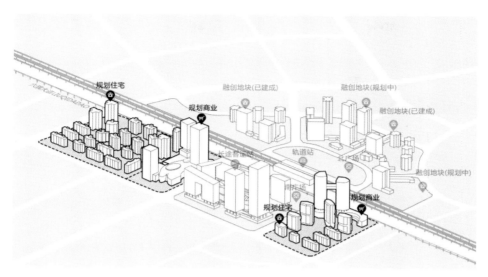

图 8.32　长途客运站东西侧用地调整示意

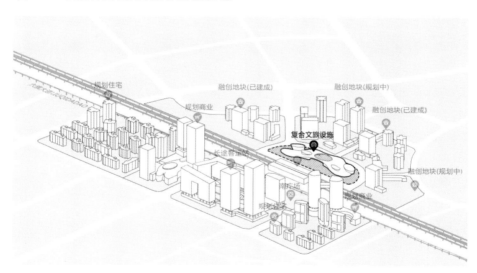

图 8.33　北广场上盖示意

⑤空中连廊和区域连接（图 8.34）。设置北侧空中连廊，建立和六旗及融创地块商业的无缝连接，提高区域价值。由于南北两侧区域被六旗大道割裂，导致轨道站周边用地及功能不集中，因此建立区域连接，连接区域内各个地块，使得功能联动、人流汇集，带动区域价值提升。

⑥原有控规土地调整（图 8.35）。项目所在区域用地主要为长途客运站用地（1）、停车场用地（2）、交通站场用地（3）、商混用地（4、5、6、7）及东西两侧的居住用地（8、9），将东侧居住用地（8）调整为商混用地，将西侧居住用地（9）调整为商业用地（9-1）和居住用地（9-2），长途客运站用地（1）调整为长途客运站/商混用地（1）。

图 8.34　各地块连廊示意

原控规　　　　　　　　　　　　　　调整控规

图 8.35　控规调整

8.1.7　南侧 TOD 站点空间形象

1）天际线控制

东西方向上以中部为最高点，两侧高度逐步降低；南北方向上以南侧为最高点，向北侧逐步降低（图 8.36）。在布局中考虑各建筑体间距的疏密、高度等因素，避免形成过于紧凑或过于空旷的空间感受，形成了优美的天际线轮廓和空气流通效果。其中，塔楼耀眼而瞩目，是地块的标杆，而裙房又将相对独立的建筑体块连接，形成连续丰富的活动空间，丰富了天际线的形式。在未来设计中，周边尚未建设的项目天际线，建议结合 TOD 整体考虑。

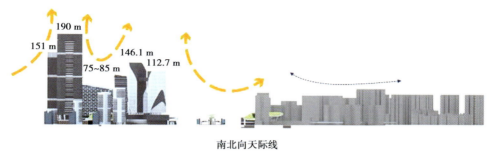

南北向天际线

东西向天际线

图 8.36　天际线控制示意

2）建筑造型设计

整个区域是一个未来的、公园化的、科技感的、有节奏的新城区域，是人们对未来城市建筑畅想的一个典型示范，更是解决目前城市拥挤以及地块紧张的有效方案。本项目不仅在平面上创造出一个熙熙攘攘的城市更新模型，更作为一个标志性建筑群，丰富了整个城市的天际线，如图 8.37 所示。

图 8.37　鸟瞰图一

　　本项目的城市空间设计较为系统与整体，不仅赋予建筑体量独特的可识别性，而且建筑内部空间设计也更加独特与多样，使得无论是远观还是近看，TOD 建筑设计都能给人留下深刻的印象。每一栋建筑的内部空间和外部立面都具有专属性和不可复制性，并承载着当地的生活方式。串联起来的城市空间交融在一起，从而模糊了城市物理空间的定性标签。

　　为了满足开发的整体性与经济性，建筑设计时追求在复杂的多体量形体中寻求统一。生态绿植的应用点亮了整个区域的沉寂，绿色盎然的城市跃然眼前。不同的交通系统串联了整个建筑群，使得城市更趋于整体。建筑布局一气呵成，由城市一直延伸向周边绿地，建筑空间疏密有致，为璧山人们提供了丰富的商业、文化、居住场所，如图8.38所示。

图 8.38　鸟瞰图二

　　中庭作为人流汇聚点，承担吸引、集聚、疏导周边人流的作用，且能满足交流、休憩、赏景等多种需求。在整个空间和形态上采用活跃的、具备时代特点的方式进行建构，并用新型导引方式迎接访客，让空间变得更加人性化。各式各样卡座区的布置让人们在一个轻松、明亮和活跃的空间中进行会面。

　　整个中庭最引人注目的是广场中心突出的一个体量。这个体量由透明的玻璃围合，形似一把大型装置伞。伞骨流动的光线不断变化，伞面上点缀着彩色灯源，伞柄与伞骨支撑着一座环形连廊。空间的灵活布局，让圆环上的通道能够柔和地将塔楼连接起来，不会给人走到"尽头"的感觉。这个圆环空间成为连接各种功能的"动脉"，如图8.39 所示。

　　胶轮有轨电车云巴被构想为一座为当地社区服务的公共桥梁，是连接整个璧山区的交通枢纽。作为 TOD 建设的重点区域，胶轮有轨电车贯穿整个区域的交通路径的同时，还将实现与长途客运站、轨道站之间的无缝对接与整合。

图 8.39　中庭透视图

云巴站充满现代感的外观造型,几何状的切割手法交叠在一起,使得建筑造型生动有趣,砖红色入口点亮了单一的建筑色彩,凝聚了人们的视焦点,融合了周边环境色彩,使胶轮有轨电车和周边的城市开发形成一体化的效果,如图 8.40 所示。

图 8.40　云巴车站透视图

TOD 的地域化特征也是设计的重点之一,通过中庭/扶梯等设置,建立多首层立体空间,充分体现山城 TOD 的特色。

塔楼体量的建筑外形做了螺旋式升高递进,展现出蓬勃的生长姿态(图 8.41)。裙楼商业部分包含室外景观楼梯、公共平台、生态屋顶花园及展示艺术中心等。裙楼与塔楼的一体化打造,将整个建筑划分为不同的功能区域,这些功能区域在整个建筑体系中相互分隔或重合,形成彼此之间有趣的空间关系。

图 8.41　塔楼透视图

西侧地块是方案规划中的"区域绿岛"和"富氧空间"。建筑的外表参与到人们的行为流线中,使它既是一个商业综合体的同时,还是一个休闲、运动和健康的载体,是一个公园的延续。沿街各建筑体量均进行了合理的退距,形成了舒适的尺度空间,并保证良好的通风、采光,避免形成逼仄、压抑的空间感受。

景观无处不在,增进了裙楼建筑空间体验的价值(图 8.42)。公寓、住宅、办公楼及相邻的轨道站、云巴之间的人流,通过商业街的串联统筹起来。入口内部的实际联系和视觉联系协调一致,为访客提供了轻松的导视和愉快的体验。

图 8.42　绿岛景观图

8.1.8　南侧 TOD 站点产品组合建议

1）住宅产品建议

①南侧 TOD 站点住宅产品总建筑面积为 40 万~50 万 m²。

②建议住宅产品类型主要为高层产品。

③高层面积在 80~140 m²,主力面积为 90~120 m²。

2）商业产品建议——mall

①南侧 TOD 站点商业 mall 产品总建筑面积为 3 万~5 万 m²。

②建议可在局部进行退台设计,增加建筑立面的动感,同时在退台处设计露台咖啡厅、阳光餐厅等,并融入绿色文化概念,提升高楼层商业的人气和商业价值。

3）商业产品建议——商业街+地下商业

①南侧 TOD 站点商业产品总建筑面积为 7 万~10 万 m²。

②建议可在局部进行退台设计,增加建筑立面的动感,同时在退台处设计露台咖啡厅、阳光餐厅等,并融入绿色文化概念,提升高楼层商业的人气和商业价值。

4）写字楼产品建议

①南侧 TOD 站点写字楼产品总建筑面积为 3 万~5 万 m²。

②建议本项目写字楼标准层为长方形,核心筒居中。

③建议本项目写字楼单层面积为 1 500~2 000 m²,部分标准层分割户型套内面积集中在 100~200 m²。

④不同户型之间可以拆分组合,以满足某些客户的大面积需求。

5）类办公和住宅公寓产品建议

①南侧 TOD 站点类办公、公寓产品总建筑面积为 3 万~6 万 m²。

②建议通廊式建筑结构。

③建议单层面积为 1 000~1 200 m²。

④建议以 30~60 m² 的小户型吸引大健康产业及关联产业中小型企业。

⑤南侧 TOD 站点类住宅产品总面积为 10 万~15 万 m²。

6）酒店产品建议

①南侧 TOD 站点酒店总建筑面积为 2 万~3 万 m²。

②建议板式建筑。

③酒店首层挑空大堂。

• 8 m 以上挑高;

• 设置入户门厅,体现项目档次;

• 内部装饰大量采用石材等高规格建材;

• 专业服务团队 24 h 守候;

●挑空大堂预留作为酒店式管理的弹性可能。

8.1.9　评估与总结

本项目之初,各个轨道站点建设有的已完成,有的正在进行中,周边地块有的正在建设中,因此本项目的挑战:一是建设时序,在一体化打造时需要统筹考虑,为后续开发预留足够空间,便于后期项目与已建成项目之间的衔接;二是用地条件,居住用地、六旗大道南北侧广场等用地局限,考虑到部分项目已开工这一实际情况,为尽量减少对已建成项目的干扰,方案以 TOD 理念考虑对汽车站上盖区域进行高强度开发;三是以轨道站为核心的 300 m 范围包含了汽车站东西两块用地的局部区域,因此也对此区域作出调整,进行高强度开发。

本项目在规划构思及设计思路上,通过容积率转移、核心区用地调整、局部上盖及交通无缝连接等设计手段,对南侧 TOD 站点进行一体化打造。

本项目初探 TOD 智慧城市设计。TOD 智慧城市设计是以 TOD 的生命体属性为基本视角,以运用新一代信息技术为基本手段,以全面感知、深度融合、智能协同为城市运行的基本方式,以提高城市公共管理和公共服务的效益为基本目标,以实现城市可持续发展和为人类创造美好城市生活为根本目的的信息社会的区域城市发展形态。因此,后续 TOD 智慧城市设计还需进行创新探索。

8.2　片区级 TOD 开发案例实践

8.2.1　沙坪坝高铁枢纽项目

1)项目背景

沙坪坝火车站(图 8.43)始建于 1979 年,随着重庆各个新车站和铁路建设的火热进行,沙坪坝火车站面临客运量下滑、设施老旧等诸多问题,最终于 2011 年正式停运。

沙坪坝火车站主要承担成渝铁路客运专线。成渝铁路客运专线是在成渝之间构建 1 h 快速交通圈,带动沿线城市化的发展。沙坪坝火车站加入成渝 1 h 经济圈后,其作为重庆的门户,将成为客流进入城区的第一个城市形象。原国家铁道部与重庆市政府于 2010 年签署《关于"十二五"加快重庆铁路建设会议纪要》,同意对沙坪坝火车站进行综合改造,打造现代化城市综合交通枢纽,实现一体化零换乘。

沙坪坝火车站所在区域为重庆主城五大核心商圈之一——沙坪坝核心商圈。随

图 8.43　沙坪坝老火车站

着城市发展及消费升级,沙坪坝商圈出现交通拥堵、停车难、高端新潮商业缺乏等诸多问题,与片区内庞大的城市精英人群日益增长的消费需求形成巨大反差,因此核心商圈亟待扩容升级。

这次综合改造并不仅仅停留在车站功能的升级,而是将沙坪坝火车站作为一个集合高铁等综合交通功能与物业开发深度融合的综合枢纽。同时,以新站旧城更新联合为契机,车站与城市一体化开发,激发城市新的活力。

2) 项目事件记载

沙坪坝高铁枢纽项目从立项至今,项目事件节点大体如下:

①2010 年,《关于"十二五"加快重庆铁路建设会议纪要》,原国家铁道部与重庆市政府达成一致意见,同意对沙坪坝火车站进行综合改造。

②2012 年,重庆市政府会同国家铁路总公司对沙坪坝火车站方案进行评审。重庆市发展和改革委员会印发《关于沙坪坝铁路枢纽综合改造工程可行性研究报告的批复》(渝发改交〔2012〕1275 号)。

③2013 年,启动征地拆迁工作和深基坑土石方工程施工。

④2015 年,完成交通枢纽方案审查。

⑤2016 年,完成交通枢纽施工图设计。

⑥2017 年,完成上盖土地招拍挂,龙湖地产集团启动 TOD 商业开发。

⑦2018 年,盖下枢纽站体开通运营。

⑧2020 年,盖上商业体整体开街,周边配套道路全部投入使用,站城一体化将全面发挥效益。

⑨2022 年,盖下轨道 9 号线通车运营。

沙坪坝高铁枢纽复合开发的特殊性,除了它是位于高铁站上盖的开发之外,还得益于铁路部门、枢纽集团和民营开发商的合作。通常,铁路及其附属设施的开发都由铁路相关资质单位承办。而在沙坪坝高铁枢纽项目中,以上盖部分的地坪为界,地下高铁站、轨道站、公交站、停车空间等由铁路部门和枢纽集团开发,而地上其余部分则交给民营开发商。2017 年,龙湖集团得到沙坪坝地块上盖区域的土地使用权。虽然土地使用权的划分线直截了当,但是为了实现项目功能流线及立面形象的统一,设计并没有受到土地使用权分界线的限制,而是对包括高铁进站口在内的地上部分以及连通地上地下的交通核部分进行了整体考虑,部门之间相互协商,保证施工界面的梳理交接。这种高铁车站与周边共同开发的模式,是国内第一个高铁站城开发的实例,并被媒体称为"全国首个商圈高铁 TOD 项目"。

3)项目特点

(1)现状分析

项目地段东临小龙坎,西邻沙坪公园,北接沙坪坝核心商圈三峡广场,属丘陵河谷侵蚀地貌,周边学校集聚(如重庆师范大学、重庆第八中学等),同时已有成熟较老旧的办公及居住区等,附近市民达 10 万人之多(图 8.44)。沙坪坝高铁项目地块被铁道和城市主干道南北分离,成为孤岛般存在。周围步行环境不容乐观,城市干道站南路、站东路阻隔了地块与周围的步行连接。地块周边已通车 2 条轨道线(轨道 1 号线、环线),规划 2 条轨道线(轨道 9 号、27 号线,其中 9 号线规划于枢纽内)(图 8.45)。综上,在如此复杂的山地城市环境下,改造综合交通枢纽极具挑战。

图 8.44　项目区位

图 8.45　项目现状

（2）高效集成的立体式设计

项目一改国内大型枢纽站场惯用的平面布局方式，利用地形，采用立体综合布局，在地下纵深 30 m 建设地下 7 层综合立体交通空间，每层都有相应的交通功能，成功衔接了高铁成渝铁路客运专线、轨道交通（环线、1 号线、9 号线）、公交、出租等多种交通方式，实现了枢纽核心区与城市的多层面接口选择，避免了交通枢纽节点的堵塞，又使各种交通方式形成无缝对接，缩短了换乘距离，实现了高效便捷的人车分流。

项目负 1 层至负 7 层依次为公交车站（B1）、出租车站、高铁站台（B2）、人行通道、高铁换乘与出站厅（B4）、社会车辆停车场（B5、B6），以及出站通道，轨道站厅，轨道 9 号线站台、1 号线、9 号线及环线的进出站换乘大厅（B7），同时利用地形及建筑剩余空间在多个楼层设置地下停车库（图 8.46）。

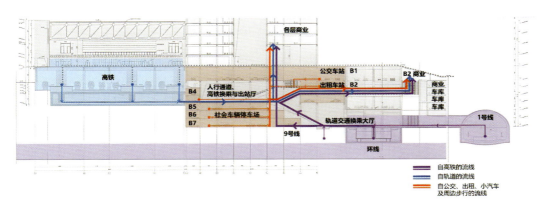

图 8.46　立体交通示意图

（3）贯通站与城的交通核

面对庞大的人流集散，以及多层级的复杂交通流线，如何梳理、规划各层级交通系统的高效联系是一个非常棘手的问题。设计者提出交通核的设计理念，通过交通核来引导不同高度上各个公共交通之间，以及公共交通与商业之间的转换乘，并通过交通核进一步将公共交通的人流疏导至周边的城市空间。

首先在所有公共交通流线的交叉点上设置交通核。在实现流线明晰化的同时，在其地上部分设置具有高识别性的地标，建立垂直流线。通过垂直流线，达到地铁与公交、出租车及周边的无缝衔接。同时，交通核配备了商业设施，通过流线引导，人流自然而然地进入区域内的商业设施，公共交通使用者也能顺畅高效地穿过商业设施进入地下空间（图 8.47）。

（4）建立地上地下全方位步行系统

项目以车站为中心，建立地上地下步行网络系统，将铁道、地铁等的人流与周边的步行网络有效连接，将被铁道分割的南北城市连为一体。利用区域的洄游流线，串联各个公共空间，形成促生各种公共活动的"舒适步行街区"。通过"绿色城市走廊"，使

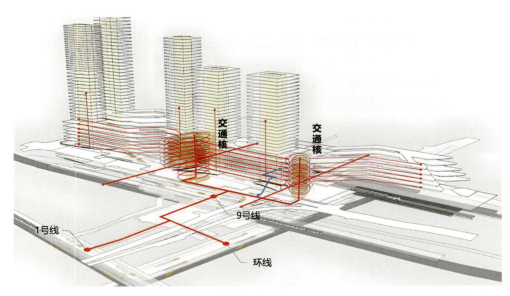

图 8.47 交通核流线示意图

西南侧沙坪公园的自然景观和空间视野贯穿整个项目,并将绿色引向周边街区,带动整个城市环境的改善(图 8.48)。

图 8.48 地上步行系统示意图

　　地下 3 条轨道线为地下连通系统提供了强有力的支撑。高铁枢纽内人群通过交通核到达 B7 层轨道换乘厅。设计者提出利用名人广场局部已建地下空间,采取局部利用及新建 5 条地下换乘通道实现 3 条轨道线的站内换乘及地下过街系统(图 8.49)。同时,轨道出入口通过新建或改建,与龙湖光年、名人广场、三峡广场、重庆师范大学等无缝衔接,形成完善的地下连接系统(图 8.50)。

规划轨道

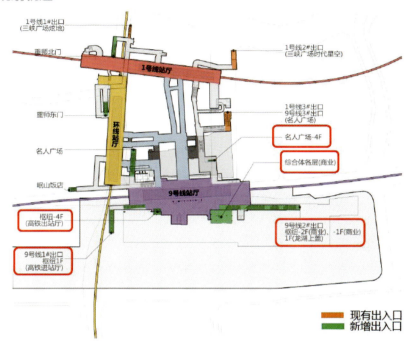

图 8.49　轨道平面规划图

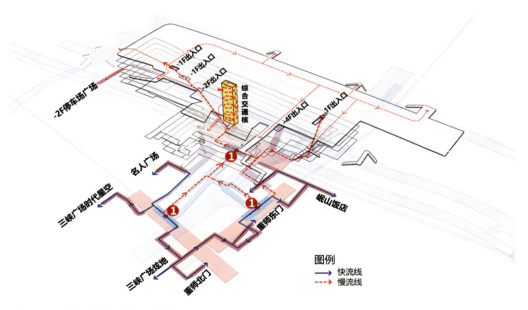

图 8.50　地下连接系统示意图

（5）"自我造血"功能

沙坪坝高铁枢纽的开发建设颠覆了传统土地平面一次性出让模式,创新分层土地空间权属概念,围绕综合枢纽站场对上盖及毗邻地块进行综合开发,打造全国首例商圈高铁 TOD 项目。项目将空间权属分为盖上、盖下两个部分,实施分层出让。盖下建设综合枢纽,盖上通过招拍挂进行开发,使空间资源得到了最大程度利用,由土地出让收益平衡项目建设资金。

4）合作共赢

沙坪坝高铁枢纽项目是国内第一个与高铁车站相结合的 TOD 项目,也是第一个立足已有商业街区的"城市再生"项目。老城区已有的拥挤路网,重庆高低起伏的地形,高铁、地铁车站带来的不同产权划分以及高铁与商业不同的运营时间,都给这一项目的界面划分、设计和施工带来很大困难。但项目通过两个垂直的城市核梳理了地铁、高铁及城市交通流线,又通过城市核下方的自由通道缝合被铁路割裂的城市肌理,最后将长达 600 m 的低层与双子塔一体规划,完成了对老城区地面和天际线的同步整合。另外,与国内其他铁路设施相同,项目存在着时间紧、进度快、协调部门众多的种种困难。

沙坪坝高铁枢纽开启了新的管理模式,由地方国企一家负责整个枢纽的一体化规划、建设、开发等工作。通过上盖物业开发产生土地出让收益,弥补基础设施建设投资平衡缺口,减少财政支付负担,同时在高铁站场建设融资改革方面做出了新的探索。

2017 年,龙湖地产摘牌该项目后开展上盖开发方案设计时,地下部分的土建已经约有 50% 施工到地面层。所幸最重要的交通核地下部分尚未施工,使得新的设计思路得以实现。在设计开始半年后的 2018 年 1 月底,主体开发仍在概念设计阶段时,高铁站部分开通运行。整个项目经历着非常罕见的概念设计、方案设计、施工图设计以及现场施工、投入运营 5 个阶段同时并行的情况。

上盖开发与枢纽建设虽以盖板作为分界线,但地下部分的交通核极其重要。与铁道相关项目中,第一位的时间节点是铁路的节点。在轨道、铁道施工不延迟的前提下,设计及管理本身更像是和时间赛跑。负责该项目的地方国企与民营开发商密切配合,对尚未施工区域在有限时间内进行最优化调整,同时上盖方案与之匹配,复杂的项目条件催生了项目的整体推进。2020 年 12 月,盖上商业运营,截至 2022 年,区域内高铁及 3 条轨道线均已运营,持续增长的人流为该区域带来了新的发展生机,沙坪坝高铁枢纽成为重庆又一新地标(图 8.51)。

图 8.51　沙坪坝高铁枢纽站外观

5）总结与评估

（1）经验总结

①理念、行动、经验共识是关键。

②合作是基础。中国铁路总公司和市政府、政府和企业之间需达成一致意见。

③统一规划、统一设计、统一设施。铁路、轨道和公共交通综合体，由一家公司统一牵头设计、施工，尤其是加入铁路，这是国内第一次尝试，过程相当困难。

④自 2010 年起多规合一。土地利用、城市空间、交通、铁路等规划统一，突破原有

政策。

⑤服务创新。为不同客体服务,并带来便利性。利用垂直空间来解决客体的不同需求,提供舒适的服务。

(2)评估

近年来,随着经济的不断发展,城市规模日益扩大、城市人口迅速增长,轨道交通作为解决大城市交通问题的有效措施,已经相继在我国各大城市进行规划建设。然而大量的交通设施占用了极其有限的城市空间资源。对于中国这样一个城市土地资源极其匮乏的国家来说,有序、合理、综合、高效地开发利用城市空间资源具有重要意义。做好城市三维空间的立体开发,是城市实施现代化改造与建设最为有效的途径之一。一个大城市如果人口高度集中的话,它的交通设施强度势必非常高,它的地价也非常高,地上地下密集的建筑以及必要的道路网使得建设新的交通设施非常困难,而且造价昂贵,这就鼓励在大城市采用节约用地的建设方法。车站作为客流的集散地,在轨道交通设施中具有极其重要的地位。车站对于城市的发展建设,也具有非常重要的作用。项目已历经 12 年,诸多国际、国内设计单位参与其中。目前林同棪国际中国公司规划设计的地下连通系统也正逐步建设中,最终将形成集合"高铁+轨道+商圈"的TOD 模式,实现沙坪坝商圈的扩容升级,焕发城市新的活力。

8.2.2　重庆冉家坝 TOD 地下空间设计

1)项目缘起

本项目位于冉家坝区域、龙山景观大道下方,北至冉家坝地铁站,南至松石大道,距离冉家坝广场和新南路不足 500 m(图 8.52)。龙山大道两侧基本开发成熟,住宅、公园、商业、办公等分布道路两侧。项目平面范围长约 1.8 km,宽 80~120 m,规划面积15~18 hm²,建筑面积(按地下一层计算)约 15 万 m²。

项目业主希望通过 TOD 策略对地下空间资源进行充分利用,联系零散地块,形成有机生命体。梳理问题如下:

①联动效益差:区域内已经形成商业和商务氛围,但分布较散,没有形成多种业态的互联互通,处于各自为营、相互竞争阶段,能量聚集弱;各项目之间缺少链接的媒介,导致区域圈层辐射能量弱,暂未形成大型商圈聚集效应。

②缺乏统筹性:商业项目定位趋于雷同,各项目之间没有形成差异化,缩小了区域对目标客群的辐射力;项目具备良好的区位及交通优势,区域内现有项目各自为营,区域缺乏整体统筹及联动媒介。

图 8.52　项目范围

2）数据分析

随着"互联网+"时代的到来,信息技术为 TOD 项目带来新思路和新方法。本项目通过对区域出行数据、轨道客流、多源数据等进行分析,构建及支撑本设计。

(1)区域定位——冉家坝商圈辐射圈层分析

①冉家坝核心圈层分析。传统商圈核心辐射范围分为四大类:社区级商圈(1 km内)、片区级商圈(1~2 km)、区域级商圈(2~3 km)、城市级商圈(3~5 km)。冉家坝核心商圈以 3 km 为界限考虑,现状初步形成以冉家坝站及大龙山站为中心圈层,但核心辐射区域内存在内环快速路、松石大道、松牌路及红锦大道等城市干道的影响,如图8.53所示。

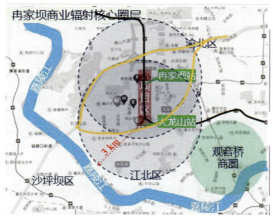

图 8.53　项目核心辐射区范围

核心辐射区内主要客群构成是周边居民、商务白领、公务客群、地铁人流,经过大数据分析得到以下客流预测,如图 8.54 所示。

核心辐射区主要客群构成			
周边居民 辐射度80%	商务白领 辐射度60%	公务客群 辐射度60%	地铁人流 辐射度65%
区域内社区居民 总计60万~80万人	区域内白领工作者 总计约15万人	政府、事业单位 人员约10万人	未来3条地铁人流 日均约48.7万人
生活、休闲消费	日常休闲购物 商务往来消费	休闲娱乐消费 公务商务消费	专门性消费 访客休闲消费

图 8.54　核心辐射区客群构成

②冉家坝拓展圈层分析。冉家坝拓展圈层以 5 km 为界限考虑,实际辐射以渝鲁大道、鸿恩寺一线、嘉陵江东岸及金州大道为界限,如图 8.55 所示。

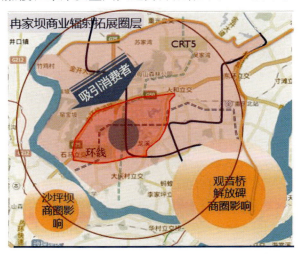

图 8.55　项目拓展辐射区范围

辐射区内主要客群构成是周边居民、工作人群及旅游客群,经过大数据分析得到以下客流预测,如图 8.56 所示。

拓展辐射区主要客群构成		
周边居民:辐射度30%	工作人群:辐射度30%	旅游客群:辐射度10%
龙塔、大竹林、石马河、南石金开等区居民,总人口约50万人北部区域多高端社区,居民消费力强	光电园附近白领客群,光电、生物产业工人等,总计约10万人工作收入稳定,消费能力强	照母山等周末游客群年客群量超万人

图 8.56　拓展辐射区客群构成

③冉家坝外围圈层分析。冉家坝外围圈层重点辐射区为国博线、机场两路及嘉陵江沿线区域,如图 8.57 所示。

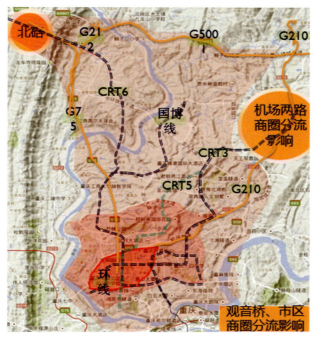

图 8.57　项目外围辐射区范围

辐射区内主要客群构成是周边居民、工作人群及旅游客群,经过大数据分析得到以下客流预测,如图 8.58 所示。

外围圈层主要客群	周边居民:辐射度15%	产业从业人员:辐射度10%	旅游会展等人群:辐射度15%
	礼嘉、悦来、仙桃、北碚等地居民跨江辐射,分流少量中心城区居民,总人口约130万人	5+3战略性布局产业的从业者,预期总计从业人员超100万人	悦来国际会议中心会展商务客群,年总计近50万人

图 8.58　外围圈层客群构成

(2)冉家坝商业客群量及体量

①商业总辐射客群量。

a.核心圈层:

- 居民 60 万~80 万人,辐射度 80%;
- 商务白领 15 万人,辐射度 60%;
- 公务客群 10 万人,辐射度 60%;
- 地铁人流 48.7 万人,辐射度 65%。

b.拓展圈层:

- 区域居民 50 万人,辐射度 30%;

- 工作人群 10 万人,辐射度 30%;
- 旅游客群 1 万余人,辐射度 10%。

c.外围圈层:

- 区域居民 130 万人,辐射度 15%;
- 产业从业人员 100 万人,辐射度 10%;
- 旅游会展等人群 50 万人,辐射度 15%。

考虑到居住与工作人口的重复,实际辐射人口按照辐射圈层总人口 80% 计算,有效辐射人口达到 126 万人。

②冉家坝商业体量分析。冉家坝地区现有商业体量约 80 万 m²,包含财富购物广场、SM 广场、龙湖源著商场等,预期远期商业供应约 30 万 m²,包含冉家坝中心、两江春城等。按照重庆人均商业标准面积 1~1.2 m² 计算,地区商业辐射人群 126 万人,因此该区域的商业需求约在 140 万 m²,还存在 30 万 m² 的商业缺口。

③区域定位理念。综合以上分析,本项目定位理念为生态文明、景观优胜的地下景观大道,从生态、休闲、文化、时尚及乐活 5 个方面进行诠释,如图 8.59 所示。

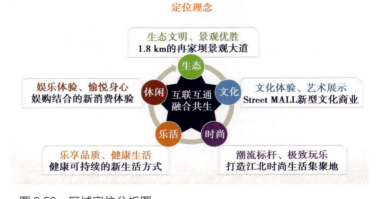

图 8.59　区域定位分析图

3)项目条件分析

(1)项目扩大研究范围

①研究区域。龙山大道及两侧地下空间。龙山大道范围从冉家坝地铁站至松石大道。项目长约 1.8 km,宽 80~120 m,面积 15~18 hm²。

②东西及南北边界确定。基于行人步行适宜距离 500 m 并考虑快速路对行人及车辆的阻隔性,本项目东西及南北边界道路四至:东至松石北路,南至龙脊路,西至余松路,北至锦橙路。

(2)区域内部用地情况

①居住用地。区域内居住用地占总用地面积约 50%,居住区为 40 个,总户数为 31 491 户,常住人口数量大,如图 8.60 所示。

图 8.60　区域居住用地分析

居住区特点：

a.开发年代较晚，均为 2000 年后开发；

b.住房均价在 10 000~15 000 元/m²；

c.龙湖地产、绿地地产等大牌开发商的进驻提升了总体居住质量；

d.居住区以高层为主，容积率大。

②商务办公用地。办公区主要沿龙山大道分布，集中在基地北段。已有商务写字楼包括龙湖 MOCO、紫都星座、华融广场等。国政企写字楼包括广电大厦、重庆海关、重庆市规划院等，规划建设冉家坝中心等项目。区域商务办公用地分析如图 8.61 所示。

图 8.61　区域商务办公用地分析

③公共服务设施用地。公共服务设施集中在基地东侧。医疗设施较齐全，有龙都医院、重庆医科大学附属口腔医院等，但各医院规模较小，现需加强老龄化服务。学校有龙山中学、天一新城小学等，有体育及文化场馆各一个。区域公共服务设施用地分析如图 8.62 所示。

图 8.62　区域公共服务设施用地分析

④工业仓储及绿地用地。区域内有华渝电气仪表厂,物流仓储包括宇通货运、安能物流等。景观大道占据项目区域中心位置,与龙山公园结合成为居民的重要活动场所。龙山公园内的龙法寺为佛教寺庙建筑,人行步道构成整个公园的游览通道,景观植物多达上百个品种。区域工业仓储及绿地用地分析如图 8.63 所示。

图 8.63　区域工业仓储及绿地用地分析

⑤商业用地。商业用地已有集中商场(SM 广场、爱融荟城等),面积共 27 万 m²。项目两端的大型商业差异化定位兼顾了不同人群,同时住宅区底商经营状态以餐饮居多,兼顾服装、超市及汽修汽配等,基本满足周边居民生活需求。区域商业用地分析如图 8.64 所示。

（3）地下商业街定位

①交通状况。

a.轨道交通:5 号线、6 号线、环线,冉家坝站为三线换乘站,已运营;大龙山站为两线换乘站,已运营。

b.公共交通:22 个公交车站,27 条公交线路。冉家坝站周边 500 m 内公交站有 4 个,大龙山站周边公交站有 6 个。

图 8.64　区域商业用地分析

②区域资源。

a.居住板块:周边大型社区有 40 个,常住人口有 8.7 万人。

b.政务、商务板块:市级政务中心 6 个,已建商务写字楼 7 个,初步形成冉家坝商务圈。

c.商业板块:集中商业 3 个,沿街社区商业丰富,专业市场 3 个。

d.生态景观板块:已有地上 4A 级旅游绿廊大龙山公园及盘溪河公园。

该区域资源丰富,有居住、商务、政务、商业及生态景观公园等多功能资源,有较好的底蕴。

③区域商业。

a.商业发展问题:以社区商业为主,业态相对单一;商业缺乏整合,能量聚集弱;商业缺乏统筹性,定位雷同。

b.商业发展方向:填补体验,休闲商业不足;需联结现有商业点,打造商圈。

基于以上问题的梳理,通过填补完善、统筹整合、引联升级等手段打造区域商业板块。

④本项目地下商业开发使命。

a.借助地下商业开发,联动统筹区域商业节点。

b.借助地下空间连通,联合本地各项城市功能。

c.借助整体发展升级,串联居民多元生活方式。

(4)商业客群及需求分析

①核心辐射区客群。考虑到人体适宜步行距离、短途自驾等因素,以项目周边 1.5 km 为核心客群区,居民辐射度为 80%,居民人数达 10 万人,消费形态以生活服务、餐饮购物及儿童体验为主;办公人员辐射度为 50%,企事业及政务人员约 3 万人,消费形态以康体健身、咖啡简餐及休闲娱乐为主。

②拓展辐射区客群。考虑到核心交通道路引流影响、购物出行合理时间为半小时内等因素,以自驾或地铁半小时圈为界限定义拓展客群区。居民消费形态以生活服务、餐饮购物及休闲体验为主;办公人员消费形态以咖啡简餐及、休闲娱乐及服饰百货为主。

4）精准设计

（1）项目愿景

重庆首条 lifestyle link 地下商业街，形成联结一体的地下水游主题体验 MALL。其关键点包括地下空间+休闲商业+水游主题+旅游休闲。

①主题-Link：地下水主题 MALL 与地上旅游景观联合打造。

②空间-Link：变自身价值的体现为统筹区域价值的提升。

③业态-Link：集购物、休闲、娱乐、旅游、餐饮。

（2）行程差异化主题

①地下水族馆：打造项目核心主题元素，形成项目特色旅游吸引力。

②水景观节点：特色地下水景小品，丰富水游主题元素。

③水 Link 动线：丰富地下空间灵动性，形成动线引导与约束。

（3）功能定位

①乐娱：针对区域居住、工作人群及区域旅游人群——品味健康生活，畅玩欢乐时光。

②乐学：针对周边社区居住的子女尚处幼年的家庭——儿童成长天地，趣味科普乐园。

③乐购：针对城市白领、时尚女性及日常需求人群——精品时尚购物，便捷生活服务。

④乐享：针对区域商务及生活人群——各类特色餐饮服务，交通与沟通畅谈空间。

（4）lifestyle link 发展尺度与模式

传统商业步行街的消费节奏是走—走—走或走—走—停，这种模式的商业街具有同质商业多、无公共休息点等问题，使人产生购物茫然感、身体疲劳感及购物逆反感。现代商业街的发展方向是重休闲业态、体验引入及多开阔空间。购物消费步行速度宜为 30~40 m/min。人持续步行 10 min 有疲劳感，20 min 为初步疲劳，60 min 为中度疲劳，对应的购物街长度分别为 300~400 m、600~800 m 及 1.8~2.4 km，因此现代商业步行街的适宜尺度为 300~400 m。本项目总长 1.8 km，以 300 m 为标准长，可分为 7 个节点 6 个分区。街道模式可采用 7 个节点+景观休闲节点；差异节点之间可引入休闲体验业态，打造高品质、有吸引力、人性化的现代地下商业街。

（5）lifestyle link 功能分区

考虑聚集人流的分流、服务人行安全、引导人流便利进入项目商业等因素，把地面人流节点分为 5 个，分别为：冉家坝地铁站、龙山二路与龙山大道交汇处、旗龙路遇龙山大道交汇处、大龙山地铁站及龙山大道南端 SM 广场。地下商业对应人流节点设置地上地下连通处。

分析现状地面功能构成：

①龙山大道外围周边居住组团集中。

②冉家坝地铁站北侧及周边商务功能集中。

③龙山大道南北两端各街道已有沿街商铺，商业功能集中。

因此,地下商业业态布局需考虑各功能组团服务要求,业态与地面商业差异联动。

分析站点辐射节点,本项目功能分区可分为两段:冉家坝—大龙山段需考虑项目分段的价值高低,商业业态依据分段价值合理考虑;大龙山站以南需根据辐射强度对应地下人流多少,合理分布人流节点。站点辐射分析如图 8.65 所示。

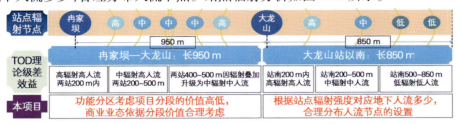

图 8.65 站点辐射分析

考虑地面人流节点、地面功能构成及站点辐射节点三重因素,建议 7 个节点作为整体的软性分割点,打造公共休憩体验节点,设计接口连通地面,如图 8.66 所示。

节点一	节点二	节点三	节点四	节点五	节点六	节点七
冉家坝站	龙山二路与龙山大道交叉处南侧	旗龙路与龙山大道交叉处	大龙山站	余松二支路与龙山大道交叉处	余松一支路与龙山大道交叉处	龙山大道南端
·未来三站换乘节点 ·大量地铁人流疏散 ·地面人流量最大	·北向至冉家坝为区域商务集中区 ·错开道路交叉口 服务人行过街需求 ·街边停车,便利换乘 及进入本项目	·两侧为专业市场 便利引导消费者进入本项目 ·项目整体中部位置 周边社区集中 ·错开道路交叉口 服务人行过街需求	·未来两站换乘节点 ·大量地铁人流疏散 ·地面流量最大 ·项目整体中部位置 周边社区集中 ·便利居民进入本项目	·两侧大型居住社区较为集中 服务区域人群便利跨街需求 ·错开道路交叉口 服务人行过街需求 ·两侧为专业市场	·东侧为学校和社区 服务区域人群便利跨街需求 ·西侧接临办公楼及SM广场 共享成熟商业客群	·项目南部终端位置 项目发展硬性分割点 ·西侧接沃尔玛及SM广场等 共享成熟商业客群
·区隔冉家坝中心地下商业 ·共享冉家坝中心客群		·开开道路交叉口 服务人行过街需求	·便利引导消费者进入本项目	·连接大龙山公园 地上地下联动,利用景观效益		·南侧大量居住社区 便利居民进入项目

节点一二间	节点二三间	节点三四间	节点四五间	节点五六间	节点六七间
·冉家坝站核心辐射区 ·商务、居住类需求	·差异化地面专业市场 服务中高端社区需求	·大龙山站核心辐射区 ·中高端居住集中区	·最便利对接区域社区,服务居民各类需求 ·大龙山公园休闲居民,顺便型生活服务		·差异沃尔玛、SM广场业态
差异化冉家坝中心	建议家庭目的消费商业	建议时尚潮流消费类	建议家庭生活消费、居民休闲娱乐类业态		建议目的型商业

图 8.66 7 个节点分析

(6)lifestyle link 空间尺度设计(图 8.67)

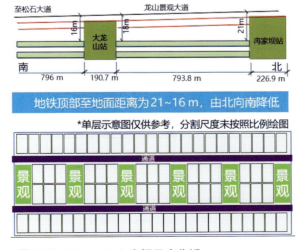

图 8.67 lifestyle link 空间尺度分析

①竖向尺度：以单层为主，冉家坝站处可增加为 2 层。

②2 层部分：地下一层商业，地下二层车库及仓库。商业层净高不小于 4 m，车库及仓库层净高 2.5~2.7 m。

③平面尺度：地下宽度宜为 80~120 m，宜采用双通道，形成 4 个临街展示面。双通道宽度均为 7~8 m。

（7）lifestyle link 店面分隔设计

店面进深宜为 15 m，面宽按 6~8 m 分割，可在适当位置灵活分割，如图 8.68 所示。

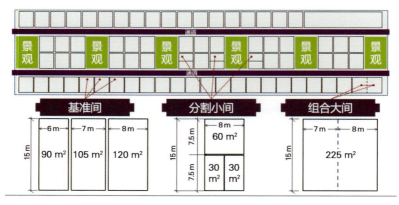

图 8.68　lifestyle link 店面分隔分析

（8）lifestyle link 水景观节点设计

地下街室内以水系为重要景观纽带，在各大型节点布局水景观小品，形成水景观动线。lifestyle link 水景观节点设计如图 8.69 所示。

图 8.69　lifestyle link 水景观节点设计

（9）lifestyle link 出入口设置

根据《重庆市城乡规划地下空间利用规划导则》，地下街建筑物的各部分至地上出入口距离不应大于 40 m，因此本商业街设置 39 个出入口，同时考虑人流动向、周边环境等因素影响,在部分时段增加或共用出入口。lifestyle link 出入口设计如图 8.70 所示。

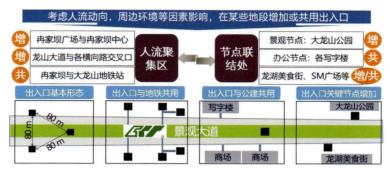

图 8.70　lifestyle link 出入口设计

(10) lifestyle link 与地上空间连接设计

将项目分为北、中、南共三段。

①北段:冉家坝站至旗龙路,布局方式建议采用网络状,将冉家坝地铁站与冉家坝中心、广电大厦、重庆海关、龙湖国际等建筑网状结构连接。

②中段:旗龙路至余松一支路,布局方式采用脊状,将大龙山公园、龙湖紫都城、逸静丰豪等住宅区地下部分与本项目连接,同时北部钢铁城建议置换或升级后对接。

③南段:余松一支路至松石大道,局部方式建议采用点状,与 SM 广场、沃尔玛、御景豪庭、龙湖紫都星座写字楼地下空间连接,形成南部端点地下空间。

5) 评估与总结

如今大数据在各个领域的运用较为广泛,特别是在交通领域,其中 GPS 定位、电子导航、公交一卡通等都是大数据时代背景下诞生的重要智能化交通工具。同时,居住、商业、商务人群的通行、消费等产生大量数据。合理地利用这些信息技术能够为我国 TOD 设计提供大量的数据资源。不同的地铁站点,由于区域人群工作属性不同,导致出行和交流目的就和其他地区有所差异。在规划和综合开发的过程中,需要充分分析和研究这个站点所需要的功能,以进行针对性打造。利用这些数据资源,能够有效地阐述 TOD 项目的实施方向,同时增强 TOD 精准定位、精确设计,为业主提供逻辑性强的理论依据。

第 9 章　机遇与挑战

　　TOD 理念引入我国已有近 20 年,我们经历了小汽车爆发式增长的阶段,以及城市轨道交通快速发展的时期,我们的规划理念也从大尺度地块、疏路网的传统认识向小街区、密路网的精细发展思路转变,从只注重交通设施供给的传统理念向调控交通需求的供给改革思路转变。中国城市已经认识到土地开发与交通系统建设相结合的重要性。TOD 被认为是城市土地利用和交通发展的一项日益重要的战略,我们也将迎来 TOD 网络化打造和 TOD 智慧城市建设的发展需求,这将是未来城市 TOD 演进过程中新的机遇和挑战。

9.1　城市轨道交通线网 TOD 概述

9.1.1　线网 TOD 概念

1)轨道交通基本属性

城市轨道交通作为城市重要的基础设施之一,具有以下 3 个方面的属性:

(1)准公共属性

城市轨道交通既有公共属性,又有私有属性,即轨道交通服务具有消费的非竞争性和一定的排他性,属于准公共产品。轨道交通作为缓解城市拥堵、促进城市发展的交通基础设施,具有其他公共交通无法比拟的大运量、快速、准点、舒适等特点。

(2)正外部性

城市轨道交通能促进沿线土地增值,加快沿线用地集约化开发利用,缓解城市交通拥堵,同时引导城市格局调整,完善城市功能布局,推动社会和经济高速发展,这些都是轨道交通正外部性的表现。

（3）规模经济性

城市轨道交通作用的最终实现是以网络规模为前提的,轨道线网覆盖面越广,轨道交通发挥的效力就越大。轨道交通所到之处,必将形成客流密集区,为满足不同人群需求而形成的经济聚集体也必将遍布轨道沿线,进而形成以轨道交通网络为基础的规模化经济。

2）线网 TOD 特性

随着城市轨道交通的持续建设,建成通车的线路逐渐构建成网络,站点 TOD 则"嵌入"轨道网络服务区域中,因此,轨道交通网络的特征在站点 TOD 中得以体现。其主要表现在以下几个方面:

（1）互通性

轨道交通站点 TOD 之间的互通性是通过轨道交通网络实现的。通过这样特殊的网络,物业之间能很好地实现客流、经济要素等资源的集中、分散和转换,极大地增强了资源互通的便捷性,是一种新的资源动态分配方式。网络节点间的连接性弱化了物理临近性,使得节点间要素的就近扩散、等级扩散强度减弱,而跳跃性扩展则成为常态。通过轨道交通大运量网络,区域节点之间要素资源流动的规模水平和密集程度决定了节点在网络中的等级。

轨道交通网络平台为站点 TOD 提供资源流动的快速通道,就像云计算技术为系统应用、数据处理等提供高效工作平台一样,改变了传统的资源分布和衔接方式。以重庆轨道交通线网为例,市民可以在轨道线网北部的高新区工作、在南部的城市区居住、在西部的大学城学习、在东部的南山度假区休闲,而这些活动都是基于快捷、方便、安全、舒适的轨道交通实现的。这意味着,原本毫不相关的物业资源,在轨道交通、大量客流等"媒介"的联系下,其价值空间将延伸至轨道交通所到之处。因此,开发商可以根据轨道线网合理进行物业布局,多样化地打造物业类型,并确保物业之间的互通性,提高整体效益的联动和增值。

（2）功能互补性

轨道交通站点 TOD 由商业办公、住宅、文体教育、休闲娱乐等功能构成,而这些功能之间的衔接以轨道交通线网平台为基础,功能各有侧重、互为补充,且具有功能和资源上的共享、互补、支持、替代等特性,线网节点资源的种类将发生结构性调整。因此,TOD 开发从规划阶段就可打破空间、距离束缚,根据城市客流、商业及居住分布等实际情况合理布局、统一规划,形成站点 TOD 开发的一体化、规模化。

轨道交通站点 TOD 在城市空间结构上沿轨道交通线路形成多条有机"廊道"的发展布局,通过站点 TOD 的各种城市功能搭配,在城市轨道沿线形成许多散列的以站点为中心的"珠链",这些"珠链"分别具有居住、休闲、办公、娱乐等功能中的一种或多种。轨道站点 TOD 功能的一体性就是通过一定的规划来建设特定职能的功能区,最终实现功能一体化,将城市轨道交通沿线的小型综合区形成整体,促进城市功能的综合延伸和城市格局的调整。

（3）外部经济性

轨道交通站点 TOD 的网络外部性属于间接的外部经济性,其主要通过不同物业所提供的具有互补性的功能来实现。这里的外部经济性主要是指消费的外部经济性,即在经济活动中将产品的部分额外效益转移给其他产品的现象,它是一个经济主体的行为对另一个经济主体的福利影响。外部经济性活动有利于社会整体利益的增长,例如企业的废渣综合利用就是一种外部经济性,因为它在取得一定经济效益的同时,还给社会带来了环境效益。

由于轨道交通的大运量特点,轨道站点客流量巨大,客流需求多样化,因此,站点周边物业基本涵盖了购物、休闲、娱乐、餐饮、办公、居住等多种功能,这使得物业之间的联系更加紧密,外部经济性更加突出。例如,使用者会因为选择在某个地点设置办公场所或者居住,而同时对附近产生购物、休闲、娱乐、餐饮等服务需求,也会因为某地各种服务和配套设施的完备性而选择在此设置办公场所或者居住。因此,在轨道沿线增加某一类型和功能的物业或者配套设施,整个网络中物业使用者的效用将会增加。事实上,在城市轨道交通和站点 TOD 的开发过程中,物业的统筹开发和相互协调贯穿始末,加上站点沿线公共设施和公共环境建设的加强,站点 TOD 之间的互补性导致站点 TOD 网络呈现出越来越明显的网络外部经济性。

（4）网络依赖性

轨道交通沿线各项物业之间相互关联,功能上互为支撑,加上消费者长期享受轨道交通带来的便捷所产生的需求依赖,使得站点 TOD 之间的网络依赖性日益突出,这种现象我们把它称为"锁定效应"。"锁定效应"一般指产业集群在其生命周期演进过程中产生的一种"路径依赖"现象,其能促进产业集群不断完善并走向成熟,而"路径依赖"则诱发"锁定效应"。与锁定效应密切相关的一个概念叫"转移成本",即消费者从一种消费体系转变到另一种消费体系所承担的费用。如果转移成本过大,消费者将维护在原有的消费体系中,使得该消费体系长期保值,并实现收益。

9.1.2 线网 TOD 分布

轨道交通线网 TOD 以站点、站场为定位基础,实现空间的集约化利用和开发;以线路为纽带,实现资源的串联和共享。轨道交通线网中按照站点类型可分为 3 个层次,按照站城一体化的理念,轨道交通线网 TOD 也可以对应分为 3 个层次,每个层次的站点 TOD 形成资源聚集,线路上不同层次站点 TOD 形成功能互补。

1）线网 TOD 层次划分

轨道交通站点定位与站点区位、交通功能、上位规划区域功能和土地利用等因素有关,按照区位和功能划分,可分为交通枢纽型、中心型、住区型。交通枢纽型站点是以上位规划确定的城市或区域轨道公共交通服务的火车站、机场、港口、长途客运站等对外交通枢纽地区;城市中心型站点是以城市上位规划确定的具有轨道交通服务的城市级或片区级中心站点;住区型站点是以居住生活功能为主,配套与住区人口规模相适应的较完善的公共服务设施的轨道交通站点,其特点是功能以居住为主,交通组织以轨道交通为核心。

(1)交通枢纽型站点 TOD

①交通接驳。中心型交通枢纽交通集散方式全面,除高铁、普铁、飞机等对外交通方式外,市内交通基本均涵盖地铁、公交、长途汽车、私家车、出租车等城市交通,且城市交通集散方式以轨道交通为主。枢纽建筑占地面积较小,与周边城市肌理相对协调。车站交通层数多为 4~6 层,交通层数较多的枢纽可以站内完成基本交通方式的直接换乘。枢纽多以综合换乘大厅和站前广场为主要换乘节点。

边缘型交通枢纽多为城市副中心,总体布局充分考虑与周边地区的联系,集散交通方式较全面,以轨道交通为主,强调站点地区步行系统的营造。枢纽建筑层数多为3~4 层,以一个或多个换乘大厅为主要换乘节点,接驳换乘方式较中心型枢纽相对简化,多设置地下停车场。少量以交通功能定位的边缘型枢纽建筑占地面积则相对较大,站前广场面积增大,以进站大厅与站前广场为主要换乘节点。

市区外围型和机场连接型交通枢纽的交通接驳充分考虑其他交通方式与机场航站楼的连接,集散交通一般包括地铁、机场大巴、小汽车、出租车等,主要通过综合大厅进行换乘,并设置大面积停车场。

②功能构成。将商业、酒店等功能引入枢纽综合体是国内外轨道交通枢纽发展的普遍趋势。除这几项主要功能外,枢纽地区配套的功能一般还包括办公、居住、文化娱乐、会展设施等。一般而言,枢纽综合体中交通与城市功能的组成及配比与站点的规划定位以及枢纽的运营模式、输送规模、服务范围及对象等多种因素有关。

城市中心型交通枢纽与城市功能复合度高,在功能构成上主要有两和模式:一种是交通功能与城市功能协调发展,交通换乘功能仍是枢纽主要功能,占据较大面积,城市功能则为乘客以及周边居民提供相关服务;另一种是将城市功能优先于交通功能作为站点的主导功能,即利用交通资源发展城市功能,创造社会价值。这种模式下,枢纽内城市功能更加复杂,复合度更高,交通功能则相对独立,所占面积比重较小。

在功能布局中,中心型轨道交通枢纽用地集约,多采用高层纵向叠加式开发,通过地上、地下的立体化开发,在枢纽综合体内部整合多种城市功能,其中相同设置的城市功能有商业、餐饮、办公以及酒店功能。枢纽具有较强的开放性,允许城市居民自由出入,鼓励城市活动的发生,从而带动周边区域的城市再开发。

城市边缘型交通枢纽一般定位为城市副中心或交通枢纽中心,站点地区与城市功能复合度高,枢纽多采用横向分离式开发模式,枢纽综合体以交通功能为主,配套商业、餐饮以及酒店功能,以城市副中心定位的枢纽多配置文化、酒店等功能。

除以交通换乘功能为主的车站建筑外,对枢纽站地区进行集中式开发,其他城市功能分布在邻近的一栋或多栋建筑中,其间通过城市公园或空中步行系统进行连接。其中,定位为城市副中心型枢纽地区的功能复合度较高,站区内均设有多栋高层塔楼,以建筑高度强调区域中的地标性。

市区外围型和机场连接型交通枢纽与城市功能复合度较低,案例多采用多层单体开发模式,综合体以交通功能为主,主要配套零售、餐饮等功能,枢纽地区主要为公共开敞空间及地面停车场,部分枢纽地区也配套休闲、酒店、文化等功能,整体来说机场连接型枢纽的功能复合度相对较低。

③开发强度。轨道交通枢纽站点的开发强度与站点的区位及功能构成密切相关。城市中心型交通枢纽多采用纵向叠加式开发,在高层枢纽综合体内整合多种城市功能,并凭借建筑高度成为城市地标,横向分离式枢纽则通过地下、地上步行系统连接周边的高层建筑。枢纽地区整体采取集约化发展模式,开发强度高,如日本京都站、中国香港九龙站等站区容积率均达到 6.0 以上。

以城市副中心定位的城市边缘型交通枢纽作为地区发展的极核,往往通过枢纽地区建筑高度强调枢纽中心作用,枢纽地区以高层和多层建筑为主,开发强度较大。以交通枢纽定位的城市边缘型轨道交通枢纽地区以多层建筑为主,枢纽地区呈中等强度开发。市区外围型和机场连接型交通枢纽由于机场的特殊性,枢纽地区严格限制建筑高度,且功能较为单一,枢纽地区整体开发强度低。

④环境设计。枢纽综合体的设计通常会考虑城市的历史及环境特征,通过建筑形态塑造城市形象,使用自然采光及通透中庭,强化建筑内部的可识别性,并通过空中平台、步道系统、空中花园等步行空间的设计营造富有生气的城市节点,提升城市环境品质。在软资源配置方面,信息化、自动化程度高。

在交通枢纽站的广场布局中,部分中心型交通枢纽无明确站前广场,将广场的交通功能内化;部分站点配套小规模站前广场,以流动式交通组织为主,布局紧凑;个别车站因城市景观需要,相对加大了站前广场的面积。边缘型交通枢纽多配套规模适当的站前广场,以城市景观功能为主。

(2)城市中心型站点 TOD

①交通系统。城市中心型轨道交通站点地区,应鼓励公共交通、步行及自行车交通,允许出租车、私家车接送乘客乘坐轨道交通,不限制居民通过小汽车前往区域中心享受各种服务或换乘轨道交通。城市中心型站点地区,应围绕轨道交通站点构建交通方式多样混合、衔接顺畅的交通系统。

城市中心型站点地区的道路路网应构建外部以城市主干路或开放空间为框架,内部窄道路、密路网的道路结构,并建设有利于步行、自行车的慢行系统,提高轨道交通站点的可达性。轨道交通站点不同圈层,宜采用不同密度的道路格网,门户区和核心影响区宜采用窄道路、密路网的路网结构,过渡区逐渐转变为中等路网密度的功能区。

　　城市中心型站点地区应建设连续、无障碍、环境舒适的步行系统,覆盖门户区和核心区,辐射其他功能区主要出入口,并与轨道交通衔接顺畅、换乘便利。一要注重步行网的连续性,形成以轨道交通站点为中心,串联各个居住组团的社区步行交通系统,尽可能减少与机动交通的平面交叉。根据交通站点形式,将步行网与轨道交通站点出入口合理衔接。

　　②用地布局。城市中心型站点地区侧重于为服务片区提供生产性和生活性商业服务设施、公共服务设施用地,宜将商业、办公、公共服务和住宅等多样化功能有机混合。自站点向外各个圈层功能布局的优先等级依次应为:商业办公混合用地、商业设施用地、商务设施用地、公共管理和服务设施用地、商业居住混合用地、居住用地和绿地。

　　③开发强度。轨道交通的建设发展应与城市中心的土地开发同步进行,实现轨道交通与城市土地的一体化开发。城市中心型站点地区开发强度应遵循级差密度的特征,建议对城市中心型站点地区的门户区、核心区及过渡区采取不同的开发强度控制指标。

　　(3)住区型站点 TOD

　　①空间区划。住区型站点空间区划应考虑站点周边 800 m 范围内的道路网络、区域基础设施廊道等人工地物,山体、水体等自然地物,基于道路网络来划定站点地区的空间区划,自站点出入口向外划分为门户区、核心区、过渡区。

　　门户区一般为站点出入口 0~100 m 范围,是轨道交通站厅、出入口地段以及轨道交通与其他交通方式接驳转换所处地段,是住区中居民使用轨道交通可达性最高的区域。核心区位于门户区以外,距站点出入口 300~400 m,是站点地区中综合区位优势最高的区域,是城市住区商业服务、公共服务及高强度居住功能混合度较高,开发强度亦较高的地段。过渡区位于核心区以外,是核心区向周边普通城市住区逐渐过渡的地段,轨道交通的可达性影响逐步减弱。

　　②交通系统。城市住区型站点地区的交通组织是以轨道交通站点为核心,以慢行交通主导、与其他公交模式便利衔接的交通服务系统。在城市住区型轨道交通站点地区,轨道交通是住区居民往来城市其他地区的主要交通方式;而住区内部,居民前往轨道交通站点的交通方式主要是步行、自行车,辅以城市公交车或住区微循环公交,在一定程度上限制私家车的使用。

　　③用地布局。城市住区型站点地区中门户区、核心区、过渡区的土地利用构成有所差异,总体上 3 个区用地构成包括公共管理与服务设施用地、商业服务业设施用地、商住混合用地、居住用地、道路与交通设施用地、绿地与广场用地。其中,门户区商业服务设施用地、商住混合用地、道路与交通设施用地占比较高;核心区居住用地占比明显提高;过渡区不再有商住混合用地,居住用地比例进一步提高。

④开发强度。城市住区型站点地区开发强度应遵循级差密度的原则。门户区为高强度的商业设施、公共服务设施及综合体开发,高于过渡区 30%~50%,容积率控制在 3.0~5.0。核心区为中高强度的居住、商业设施开发区域,高于过渡区 30%~50%,容积率控制在 2.5~4.5。过渡区为中低强度的居住开发区域,高于周边非轨道交通站点地区 20%~30%,容积率控制在 1.5~3.0。

⑤空间环境。在城市住区型站点地区,公共服务设施首先应满足国家规范和地方规定,并根据地块溢价效应进行分区域布置。其中,门户区、核心区、过渡区布局公共服务设施分别为:

门户区设置轨道交通站点、公交换乘站、自行车停放站、出租车停靠点等交通设施;为住区服务的商业综合体、零售商业、餐饮设施等商业设施;派出所、图书馆、社区委员会、文化中心等公共服务设施;街头绿地、集散广场等休闲设施。

核心区设置公交站、自行车停靠点等交通设施;零售商店、便利店等商业设施;中小学、体育中心、医院等公共服务设施;小游园、街头绿地绿道等休闲设施。

过渡区设置公交站、公共自行车服务点等交通设施;零售商店、便利店等商业设施;医院、小学、幼儿园等公共服务设施;居住区公园、小游园、绿道等休闲设施。

在环境设计方面,尤其是通往轨道站点出入口的街道,建议恢复传统骑楼空间,以适应多雨、日晒的气候,改善步行环境。旧城区的特殊地区,如历史文化街区、生态保护地区,其风貌和软环境特色在轨道站点内外及站点地区环境营造中应有充分体现。

2) 线路 TOD 分布特征

在轨道交通线路规划阶段引入 TOD 公共交通走廊理念,充分发挥轨道交通运输载客量大、运行速度快、土地占用小、环保等特性,为带形城市实现城市与交通的和谐、可持续发展谋求出路。

轨道交通线路形成的带形城市,其居民出行空间分布也呈带状分布,与其城市形态高度吻合,轴向交通需求大,可为大运量公共交通方式发挥自身优势提供便利。如兰州市是典型的盆地封闭型带形城市,东西狭长,南北有山,中间有河,城市发展受地理空间限制明显,城市用地呈带形分布。居民各个方向的出行被压缩到沿河谷分布的盆地内,城市中心成为东西方向出行的必经之地,无法实现真正意义上的绕行,东西向主干道交通压力巨大,交通走廊呈现明显的集聚效应,这对于发展大运量的公共交通方式——轨道交通非常有利。带形城市的居民出行空间特性为发展大运量公共交通提供了运行条件,因此更应注重客流走廊交通枢纽的规划与建设,带形城市也是适合 TOD 模式发展的最佳土壤。

①以轨道交通为引导的 TOD 模式能充分响应国家可持续发展战略,同时能充分构建集约型城市,提高土地资源利用率,调和城市发展和自然环境之间的矛盾,利民惠民。城市主干道及中心地段交通压力过大,尤其是在出行高峰,以通勤和上学为目的的出行占较大比重,道路拥堵严重,居民出行效率低下。结合轨道交通的 TOD 发展模

式,能有效改善道路拥堵状况,推动城市交通多元发展,构筑市区地面交通运输+地下大载客量城轨运输的多元城市公共运输系统。

②引入 TOD 模式的交通干线能促成沿线土地实现高强度混合式发展,有效增强土地集约化程度,混合布局不仅能改善沿线地区土地规划布局,还能促进城市用地规划朝集约化、多核心的方向发展。基于轨道交通线路的影响,沿线土地能得到充分利用,从而在整体上提升土地利用率,缩减市政基础设施投资规模。

③TOD 模式能有效提升组团之间的人力资源、物质资源以及信息资源的交换频率,加强带形城市组团之间的联系;能帮助原有中心组团提升土地开发强度,有效实现资源充分利用;还能拓展新卫星城,推动城市实现土地混合布局,积极构筑全新的商业中心,从而实现联动发展,有效提升市区中心和边缘地带的通达程度。

④纽带式轨道交通能有效连接各个 TOD 社区,和带形城市"珠串式"的空间布局保持良好的匹配度,实现城市规划和交通规划的良性匹配。同时,车站 TOD 用地建设工作能为城市带来相应的结构调整机遇,原有市区能借助城市轨道交通轴线有效调整现有产业格局。

⑤轨道交通 TOD 发展规划能有效提升公共交通在居民出行方式中的比重,减少私家车使用率,节省更多的道路资源,提升市区整体环境质量。城市基建投资也能在TOD 开发模式的作用下得到充分减少,原因在于带状城市交通运输轴线整体偏长,从而导致居民出行公共交通设施规模受限且覆盖率较低。TOD 开发的精细化设计能够在集约化利用土地的同时减少一系列公共基础设施用地[5]。

⑥以轨道交通为中心的 TOD 发展规划作为一种可持续、绿色的发展模式,能解决带状城市发展瓶颈,进一步带动城市发展,降低城市发展对自然环境的影响程度,提升城市发展质量。

9.2　TOD 智慧城市概述

9.2.1　TOD 智慧城市属性

智慧城市是在 20 世纪 90 年代出现,在 2009 年兴起的一个新概念。如今,众多的智慧城市概念既为我们认知智慧城市提供了帮助,也为我们界定智慧城市概念奠定了基础。目前国内外对智慧城市概念的界定,众说纷纭,难以形成统一的认识,智慧城市作为一个新出现的概念,其与数字城市、智能城市等概念的内涵究竟有何区别,尚在探讨之中。鉴于上述状况,笔者在梳理当前众多概念的基础上,尝试着界定"智慧城市"

的概念,并将其与相关概念进行辨析。

1)智慧城市的"智、慧"解读

首先,探讨智慧城市的英文词源。与"智慧城市"有关的英文词汇有三个,分别为 SmartCity、IntellectualCity 和 WisdomCity。1972 年 smart 一词首次被解释为"智能型的,并具有独立工作的技术设备",SmartCity 在我国翻译为智能城市或智慧城市。IntelligentCity 一词,我国学者也将其翻译为智能城市或智慧城市,它更强调信息技术在城市中的应用,是城市信息化和数字城市的延伸。WisdomCity 是我国部分实践工作者翻译的词汇,其更多是从哲学层面来强调对规律和世界观的把握,这与汉语语境下的"智慧"还是有一定差异的。目前我国"智慧城市"对应的英文词汇更多是使用 SmartCity 一词,这是因为我国接受"智慧城市"这一概念主要是来自 IBM 的推广。另外,《辞海》对"智慧"的解释是:对事物能认识、辨析、判断处理和发明创造的能力,与 SmartCity 一词中的"创造"不谋而合。

2)TOD 智慧城市的概念界定

随着智慧城市建设实践的迅速展开,相关的理论研究也在不断深入。国内外众多专家学者、研究机构、政府部门和 IT 企业等,对智慧城市的概念进行了诸多阐述与演绎,出现了很多学术成果。智慧城市除了需要智慧地运用技术手段来协同人的活动、负载人的价值理念之外,还需要更多的环境建构、知识运用、方法利用和跨界合作。智慧城市的"智商高低"也不仅仅取决于其技术手段的先进性,更是由其城市管理者和居民的智慧程度所决定的。城市的主人们只是借助技术手段使得城市更加适应人的需要。基于以上分析,笔者认为智慧城市内涵中最为突出的特征是它为城市赋予了生命体的属性。以云计算和物联网为核心的新一代信息技术是城市实现智慧化的基本手段,全面感知、深度融合、智能协同是智慧城市运行方式的基本特征,提高城市公共管理和公共服务的水平和质量是智慧城市的基本目标,实现城市的可持续发展和为人类创造美好的城市生活是智慧城市的根本目的。

综上所述,TOD 智慧城市是以 TOD 的生命体属性为基本视角,以运用新一代信息技术为基本手段,以全面感知、深度融合、智能协同为城市运行的基本方式,以提高城市公共管理和公共服务的效益为基本目标,以实现城市可持续发展和为人类创造美好城市生活为根本目的的信息社会的区域城市发展形态。

3)TOD 智慧城市的属性

TOD 智慧城市的属性是智慧城市研究的基础性理论问题。充分认识 TOD 智慧城市的属性,不仅是研究一切智慧城市问题的理论前提,也是探寻实践发展的逻辑基础。

(1)区域公共性与区域特色性

城市是一个区域,TOD 智慧城市的建设发展是有地理区域界限的。智慧城市所提供的产品和服务是居民工作生活与各个行业赖以运作的支撑条件,这就决定了智慧城市建设的项目中有相当一部分是公益性的,智慧城市所提供的产品和服务大多数也就具有公共物品的性质(即消费的非竞争性和非排他性)。如果加上城市地理区域的界限,就可以说智慧城市具有区域公共性(即只有在一定范围内才具有消费的非竞争性和非排他性)的特征。由于智慧城市具有区域公共属性,所以智慧城市的建设需要根据城市的经济社会发展情况,综合考虑各种因素,优先做好发展规划。同时,智慧城市建设也是投资大、规模大、周期长、风险高的城市公共工程,因此要充分考虑城市的发展需要,进行适度超前建设。

对城市发展历史的考察证明,地形、河流、气候、自然资源是影响城市区位的自然因素,城市自然环境一定是城市的第一大属性。随着科学技术的进步,自然因素对城市发展的影响越来越小,但城市发展的历史奠定了这个城市人们所特有的生活模式和文化心理,每个城市都形成了区别于其他城市的特色和价值。每个智慧城市都具有区域公共性的共性,同时也具有各自城市的个性。智慧城市的建设必然要考虑每个城市的特殊性,如重工业制造城市沈阳市就将智慧环保放在更加突出的位置,沿海港口城市宁波市就将智慧物流作为建设的重点,高新科技密集的深圳市则将智慧产业发展作为智慧城市建设的核心。智慧城市建设除了要考虑每个城市的物质特性外,还要考虑其精神文化特性。怀特在《文化的科学与文明的研究》中指出:"城市可感知的、有形的各类基础设施构成,包括城市布局、城市建筑、城市道路以及各色商品等人工环境所构成的物质文化是城市的'外衣',为满足城市居民在交往中合理地处理个人之间、个人与群体之间的需求而产生的包括家庭制度、经济制度和政治制度的城市制度文化是城市的'骨架',通过一个城市的民俗民风记忆居民的精神面貌和道德水准表现出来的以思想观念形式存在的城市精神文化则是城市的'灵魂'。"南京市在建设智慧城市时就明确提出,要将智慧城市建设与南京的历史文化传统结合起来。

(2)资产性与效益性

TOD 智慧城市的实现是以城市信息基础设施建设、信息资源平台建设、智慧应用系统建设为基础的。这些信息基础设施和智慧应用系统就是每个城市的资产,智慧城市实现的物质基础具有明显的资产性。智慧城市建设的信息基础设施和智慧应用系统项目,具有资金需求大、规模经济性、成本积聚性、边际使用成本低等特点。智慧项目的实施往往需要巨额投资,而且出于系统性的特点,这一投资具有不可分割性,即要求相关子项目必须同时建成才能发挥作用,这就要求在建设的过程中必须同时投入大量资金。规模经济性,即智慧项目的功能使用必须达到足够的规模才能体现其经济价值。成本积聚性,即智慧项目提供的产品和服务多为城市公共物品,这类项目的初期投入大,并且呈高度积聚状态,同时还存在效益外溢的情况,这使得项目的成本回收期较长,一部分项目的成本可能形成积聚沉淀。边际使用成本低,即增加智慧应用系统的一个使用者几乎不会增加该应用系统的边际使用成本(或者由此增加的边际使用成本很低),这一特征使得智慧系统的用户量增加会提高项目的经济效益,使得边际成本趋向于零。

智慧城市的资产性往往更多地体现在智慧城市建设的经济效益,而智慧城市建设不仅是经济问题,也是社会问题,基于智慧城市的区域公共属性,社会效益问题更应是智慧城市关注的重点。智慧城市的效益性主要体现在社会效益高于经济效益,间接效益大于直接效益,长期效益重于短期效益,不可计量效益多于计量效益。虽然在资金有限的前提下也要考虑经济效益,但经济效益必须服从社会效益。智慧交通项目优化了资源配置,提高了整个城市的运行效率,其间接效益大于直接效益。环境改善不是一朝一夕能够实现的,往往需要数年的积累,其效果才能够得以显现,智慧环保项目的长期效益重于短期效益。智慧城市建设对城市管理和服务水平的提升及人们思维方式的改变是难以计量的,智慧项目不可计量效益可能会大于计量效益。

(3)知识性与创新性

TOD 智慧城市是信息技术创新和知识经济不断发展的产物,因此知识性和创新性是智慧城市诞生的先天因素。智慧城市的城市经济主体和环境的产业应是信息产业、高端制造业和服务业,提供知识和信息服务,实现知识的传播、积累和增值是社会经济的重要内容。在智慧城市的背景下,城市劳动生产率主要体现为知识生产率,由于整个城市实现了全面感知和深度互联,城市的生产方式将以柔性生产的分散化劳动为主。而知识劳动力则是驱动知识经济发展的内生要素,有效的教育、培训及劳动力发展制度,培养出能通过采集、处理和使用信息创造经济价值、实现"知识工作"的劳动力,是智慧城市建设的关键要素。

以研究、开发、教育、职工培训等为重点的知识管理,将成为智慧城市管理和服务的主要内容。城市是人才高地,是知识中心,智慧城市鼓励政府为企业和个人在进行科技和业务的创新应用上提供更优质的支撑平台,智慧城市提供的智慧化创新支撑平台将更适应知识社会创新 2.0 的新型创新范式,智慧城市将是用户创新、开放创新、大众创新的城市。

以移动互联网、物联网、云计算为代表的新一代信息技术,重塑了用户的定义,改变了创新形态,重塑了城市的创新体系,使得智慧城市的创新性与以往城市的创新性相比发生了质的飞跃。智慧城市推动的新型创新体系为城市的经济社会发展和文明进步提供了源源不断的动力支撑。城市历来就是知识的集聚地和创新的高地,智慧城市自诞生到成长始终与知识和创新相生相伴,智慧城市将城市知识集聚地和创新高地的作用发挥的淋漓尽致。因此,知识性与创新性是智慧城市共有的属性之一。

(4)系统性与整体性

系统论认为任何事物都是一个系统,而系统的功能不是由构成这一系统的各个要素机械相加而获得的。因为,除了这些构成要素之外,还有各要素之间的相互关系,相互关系产生了系统的系统质或整体质。系统的整体功能大于各要素的功能之和。系统论告诉人们,智慧城市本身不是若干功能的简单叠加,在城市大系统中,每个子系统的功能和属性相加之和不等于整个城市的功能和属性。

TOD智慧城市是建立在一系列不同的系统之上的"系统之系统",将城市运行和发展的核心子系统归纳为组织(人)、商业、政务、交通、通信、水和能源。TOD智慧城市建设方案也是以这六个子系统为核心而开展的,各个智慧应用项目本身都自成系统,同时也是构成智慧城市的要素,这些智慧项目是普遍联系、相互促进、彼此影响的整体。由于科学技术发展水平的限制,以往城市各个领域的整体效应发挥难免会受到影响。新一代信息技术以感知化、互联化、智能化的方式,将城市中的各类基础设施连接起来,成为一体化的智能基础设施,城市中各领域、各子系统之间的整体性凸显。新一代信息技术支撑的智慧城市能够更多地体现出整体效应,它是将能源供给、政府、教育、医疗、应急管理、交通运输和各类公共事业等综合应用软件、服务器、网络和用户终端连接起来,使之成为一个有机整体,各部分功能协调运作,将小系统合为一个大系统,实现整体运作,通过系统性与整体性来实现城市的"智"与"慧"。

(5)协同性与服务性

在当今的城市中,实体资源和信息资源往往被各个行业、部门、组织之间的边界所分割,资源的组织方式是分散的。在智慧城市中,任何一个应用环节都可以在授权后启动相关联的应用,并对其应用环节进行操作,从而使各类资源可以根据系统的需要,各司其能地发挥其最大价值,从而实现城市各类信息的深度整合和高度利用。城市资源的高度共享,使得城市里的各个部门、各个流程能够实现无缝连接,整个城市就像一个大乐队演奏一样和谐有序。智慧城市的高度协同性,使得城市具有统一性的资源体系和运行体系,从而将打破"资源孤岛"和"应用孤岛"。正是因为智慧城市有了高度协同的属性,才能使各类组织更好地为城市居民提供更高效、更智能、更灵活、更及时的服务。TOD智慧城市的高度协同能力有助于各类组织创新地运用管理和服务手段,这必将推动各类组织之间形成一系列的新型合作服务模式,智慧城市建设必定会促进"服务经济"的发展和服务型政府的实现,这也使得智慧城市体现出以城市居民为本的服务属性。

(6)融合性

TOD智慧城市的建设发展必须以科学技术为基础,故城市本身就具有技术属性。科学技术的重大突破往往会带来城市建设发展的深刻变革,甚至城市发展形态的转化。以物联网、云计算、下一代互联网技术为标志的新一代信息技术的诞生,为信息技术向智能化、集成化方向发展,信息网络向宽带、融合方向发展,为信息技术与其他产业技术的高度融合提供了重要的技术基础。人们将装备芯片、传感器、RFID等技术设备广泛植入城市的房屋、交通、电力、各类地下管道等城市基础设施,以及各种交通工具、通信工具等可移动物体中,实现对城市的全面感知。新一代网络技术的运用,可以将所有城市的部件赋予IPv6的地址,通过覆盖全城的物联网接入电信网、广电网、互联网,实现城市的全面互联。随着数据处理技术的不断进步,城市管理运行产生的海量数据、信息和知识,可以实现有效存储和实时更新,城市数据、信息和知识中心通过虚拟化技术实现信息资源的深度融合。云计算平台通过智能物体构成云端,互联网为云计算提供网络基础设施,虚拟化的信息资源中心为云计算提供共享条件,云计算平台为城市的各个领域提供应用服务,如政务云、交通云、教育云、医疗云等。拥有信息技术基本操作技能是智慧城市居民的基本生存能力,日益友好的操作界面,为信息技术深入每个普通城市居民的工作和生活提供了方便和可能。智慧的城市把新一代信息技术全方位地植入城市的系统和流程中,从而实现物的"智慧化",促进城市"智"与"慧"的融合,使得城市居民的生活和工作方式变得更加智慧。信息技术全方位地植入城市的系统和流程之中,是科学技术发展最新成果的应用,是城市发展史上的里程碑,是智慧城市区别于以往各类城市形态的特有属性。

9.2.2 TOD 智慧城市基本架构

TOD 智慧城市总体上可分为基础设施层、资源层、应用层三层架构。其中,基础设施层包含通信和感知功能;资源层包含地理空间、社会资源及人口等数据资源;应用层包含协同和服务功能。

1) 基础设施层

TOD 智慧城市目标模式的基础设施层可分为网络通信层与感知层,感知层是智慧城市的"神经末梢",该层运用装备芯片、传感器、RFID 等技术对城市基础设施、各类交通工具、手机、人员等进行感知,再通过传感器网络和物联网接入覆盖全城的通信网、广电网络和互联网,网络通信层是智慧城市的"神经网络"。基础设施层是 TOD 智慧城市建设的硬件前提。

2) 资源层

城市各个系统的运行产生了大量数据,这些海量数据构成智慧城市的"血液"和"养料",是城市"智慧思考"的基础。资源层通过构建各类基础数据库,整合、存储、加工大量的数据信息,为城市的智慧化提供资源保障。资源层是目标模式的中间层,在整个模式中发挥着承上启下的作用。

(1) 城市地理空间数据库

城市总是存在于特定的地理区位,基础地理空间数据是城市其他部门专业数据和信息进行空间分析和定位的基础,城市信息的绝大多数(80%以上)都具有空间定位或空间分布的特征。没有高质量、高精度、现实性强的基础地理空间数据和定位在其上的专业数据、信息,要进行实用的空间分析是不可能的。

城市地理空间数据库以数据采集系统为基础,通过对源数据采集、数据转换形成地理空间数据库,再运用分析查询系统,实现数据的应用。城市地理空间数据库的建设需要跨部门、跨地区的组织协调机制,同时需特别注意应统一标准。

（2）城市自然环境与资源数据库

自然环境与资源是每个城市的生存基础，城市自然环境与资源数据是城市最为重要的基础数据。自然环境与资源数据库是通过整合、开发国土、环保、林业、气象、水利等各个部门的有关数据实现的。城市自然环境与资源数据库应主要包括绿化、水文、气象、矿产、环境、旅游、灾害等信息资源。城市自然环境与资源数据库是综合数据库，建立分类目录体系和交换系统支持多领域共享是该数据库建设的主要内容。

（3）城市基础设施数据库

城市基础设施是城市运行的物质载体。城市基础设施数据库是通过整合交通、环卫、园林、管网、环境和防灾等各类城市基础设施数据实现的。城市基础设施数据是空间数据，其作用的发挥必须依赖空间分析模型的建立与实现，因此城市基础设施数据库建设必须以地理空间数据库为前提。

（4）城市人口基础信息数据库

城市是人为的产物，城市人口数据信息是城市最为重要的信息资源。建设城市人口基础信息数据库，可以实现对公安、社保、民政、教育、计生、税务等部门人口相关信息的整合。人口数据项应主要包括户籍信息、就业信息、社保信息、教育信息、人事关系信息、卫生健康信息、个人纳税信息、住房状况信息等。城市人口基础信息数据库需要拥有海量数据存储能力、数据挖掘能力、多用户实时访问控制能力等。

（5）城市法人单位数据库

目前我国城市的法人单位主要包括政府机关法人、企业法人、事业单位法人、社会团体法人等不同组织类型的法人单位。掌握法人单位的基础信息及其变化情况，就等于把握住了整个城市各类组织的状况与变迁，能够实现法人单位信息资源共享和动态更新。法人单位数据库是以工商局、国税局、地税局、编办、民政局和统计局等部门的数据库为基础建设完成的。城市法人单位数据库应由法人单位基础信息库、法人单位基础信息管理系统及法人单位基础信息查询服务系统构成，整个数据库是逻辑统一、物理分布的可共享系统。

（6）城市经济社会运行情况统计数据库

作为TOD智慧城市的基础性数据资源，经济社会运行情况统计数据库对整合城市信息资源、规范信息发布、创造良好软环境具有重要意义，它能为城市政府的决策和管理提供有力支持，为各类组织和市民提供便捷的信息服务。同时，在智慧城市建设整体设计模式中，也需优化其开放性、延展性及兼容性，使其更具代表性、指导性和适应性。

（7）城市政务信息数据库

TOD智慧城市的市政府仍是城市治理的核心，城市政府对城市经济社会发展和市民生活所发挥的作用是无法替代的。智慧城市的市政府是服务型政府，建设城市政务信息数据库对于加大政府施政透明度，提高办事效率与服务能力，严格依法行政具有重要作用。

城市政务信息数据库应全面收录各级立法、行政、司法部门不同历史时期出台的规划、政策、法律法规、司法解释、案例、规范性文件、公约及惯例等。城市政务信息数据库应由政策法规系统、政务动态信息系统、内容查询系统 3 个子系统构成。城市政务信息数据库应具有强大的分类存储能力和查询能力。

TOD 智慧城市各类应用服务系统所需的数据量巨大，数据内容和形式复杂，数据动态多变，因此为智慧城市提供信息支撑的基础数据十分重要。从我国城市发展的实际情况看，智慧政务建设必将成为我国智慧城市建设的龙头。

3）应用层

目标模式的应用层分为应用协同层和应用服务层，应用协同层为应用服务层的有效运行提供支撑。

（1）应用协同层

TOD 智慧城市的应用协同层主要包括五大服务支撑中心，即信息资源中心、城市基础空间信息中心、电子支付中心、信用信息中心和安全认证中心。应用协同层位于智慧城市目标模式的中间，是运用基础数据、支撑应用服务的"桥梁"和"纽带"。

①信息资源中心。信息资源是信息时代最主要的生产要素，是智慧城市的运行基础。信息资源中心是城市重要信息资源库群的管理调动中心。建设信息资源中心，是实现信息资源共享和促进数据库深度开发的有效手段，它为智慧城市各类应用服务系统提供有效的数据支撑，是对它们在社会经济活动中信用表现行为的记录。信息中心可以通过向社会提供所需的信用信息，提升整个城市的软环境。目前我国城市级的区域信用信息资源建设还比较薄弱，据统计有 80% 左右的信用信息资源主要分布在工商、税务、公安、人力资源和劳动社会保障、公用事业等政府部门，另外还有银行、保险公司等金融机构。

由于现行体制条块分割严重，没有一个集中管理部门来组织领导统一的信用信息平台建设，使得信用信息散落于各部门和行业的数据库中，造成信用信息收集和使用上的困难。目前我国城市信用信息的管理模式根本无法满足智慧城市建设的要求，建立城市信用信息中心将为智慧城市建设提供良好的软环境基础。

②城市空间基础信息中心。城市空间基础信息是指在一定尺度下，能完整地描述城市自然和社会形态的地物地貌信息（如建筑物、道路、水系、绿地等）、管理境界信息（各级行政管理单元边界，如市、区、街道办事处和重要单位界域及地理分区）以及它们的基本属性。城市空间基础信息中心以信息资源中心为依托，连接城市空间各个管理信息系统为一体。

③电子支付中心。伴随着电子商务、电子政务的不断发展，使得电子支付成为城市居民日益重要的支付手段。TOD 智慧城市的运行必将涉及大量的电子支付业务，目前在建的智慧城市大多都提出启动市民卡工程，并实现城市一卡通，市民卡系统的

发卡、租卡、充值、挂失、销户、换卡、回收、查询等各项业务都与电子支付紧密相关。电子支付中心可以为智慧城市的各个应用系统提供认证方式和付费方式,以方便各类组织和市民参与政务、商务等各类活动,更好地实现流动支付,提高整个城市的运行效率。

④信用信息中心。信用信息是随着信用的产生而产生的,是与信用有关的信息,是反映或描述企事业法人单位和自然人个人信用特征及信用价值的核心机构。从某种意义上说,信息资源中心建设的成败直接关系 TOD 智慧城市建设的资源中心,中心建设的主旨是实现信息资源共享。要实现信息资源共享,必须对数据进行分类与分级,通过对数据类型的区分和鉴别来实现不同的共享级别。通过对不同数据库数据的整理和整合,从中寻找出数据本身所携带的显式信息和隐含信息,只有对数据进行深入分析和充分挖掘才能使数据中心真正转化为信息资源中心。信息资源中心为 TOD 智慧城市的各类应用系统提供信息服务,规避其在开发、运行和维护过程中的无序状态。

⑤安全认证中心。TOD 智慧城市是各个系统深度互联、资源高度共享的城市,各个应用系统每天都要接受海量访问,确定每个访问系统的用户身份、资源访问权限及操作权限等级等对于系统的安全稳定运行至关重要。安全认证中心能为应用系统提供安全身份认证功能,还能为应用系统文件的传输机密和完整性提供安全的解决方案,同时可以对用户在系统中的操作行为提供证据追溯。目前我国的安全认证中心多为行业和区域自主建设,面向未来智慧城市的发展,实现不同安全认证中心的互联互通十分重要。

(2)应用服务层

基于每个城市的个性化特征和智慧城市发展的动态性,笔者将目标模式的应用服务层分为基本应用模块、城市特色应用模块及扩展模块。基本应用模块是我国智慧城市建设必须且重要的 9 个领域:智慧政务、智慧安全、智慧能源、智慧环保、智慧交通、智慧社区、智慧医疗、智慧教育、智慧管网。城市特色应用模块是每个城市根据自己的情况进行的特色设计,如港口城市应着重建设智慧港口,旅游城市应着重建设智慧旅游,交通枢纽城市应着重建设智慧物流等。扩展模块是面向 TOD 智慧城市的发展建设未来,为城市未来发展预留开放式接口。

①智慧政务。在世界各国的智慧城市建设中,智慧政务均是建设的重点应用领域。智慧政务是指政府机构运用现代网络通信技术、计算机技术、物联网技术等,将政府管理和服务职能通过资源的整合优化,实现公共管理高效精准、公共服务便捷惠民、社会综合效益显著的一种全新政务运营模式。TOD 智慧政务是新一代信息技术在政务领域的创新应用,是对现有电子政务系统的升级。

②智慧安全。智慧安全是以网络信息为基础的城市安全体系,即综合运用地理信息系统、全球定位系统、遥感系统、宽带网络、多媒体及虚拟仿真等技术,对城市设施、

人员往来等进行信息采集、动态监管和辅助决策。智慧安全的核心是采用先进的理念和技术手段,通过建立高效、协同的城市公共安全管理体系,优化配置城市公共安全资源,并通过资源整合与联动,实现有效的预测、预警、预防,从而提高安全防控及应急处置能力。智慧安全主要包括社会治安管理、生产安全管理及自然灾害安全管理等。

③智慧能源。通过 IBM 推广的智慧地球计划,人类看到了任何能源都是可以实现数字化和互联的。将各种能源连接起来,并进行智能化开发、开采、输送及使用,被称为智慧能源(intelligent energy),与之相关的技术被称为智慧能源技术(intelligent energy technology,IET)。城市的智慧能源管理要综合考虑城市全部能源的输入、生产、传递、转化、消耗、排放和输出,运用通信、传感、储能、新材料、海量数据优化管理和智能控制等技术,构建一个在结构、规模、经济、节能和环保等方面合理、安全、稳定的能源体系。目前我国城市发展迅速,城市能源需求日益旺盛,而供给已明显不足,建设 TOD 智慧能源是实现我国城市可持续发展的重要基础。

④智慧环保。智慧环保是以物联网、互联网等通信网络及信息技术为基础,通过感知化、互联化、智能化的方式,使环境保护中的监测、预警、综合治理及环保诚信体系等各环节信息共享及协调运作,形成以精准高效、绿色低碳为主要特征的环境保护新模式。智慧环保是集技术研发、综合治理、产业发展及软环境建设等为一体的绿色低碳发展整体策略。在智慧环保实施中,通过新一代信息技术的应用可以进一步集中环境监测、预警、应急处理等各方面力量和资源。

⑤智慧交通。智慧交通是以新一代信息技术和系统工程技术为基础,通过对传统的交通系统进行改造,实现人、运输装备与交通网络之间相互感知、智能互动,达到一种完全自动、合理、高效的交通管理服务状态。智慧交通系统就是将新一代信息技术植入整个交通运输体系之中,其目的是使人、车、路能够密切配合、和谐统一,极大地提高交通运输效率,保障交通安全,改善环境质量和提高能源利用率。随着我国城市规模的不断膨胀,城市交通状况不断恶化,交通拥挤所造成的时间损失、能源耗费和环境污染等问题,已经成为我国各大城市发展所必须解决的当务之急。从国内外智慧城市建设实践来看,智慧交通往往是 TOD 智慧城市建设的先行者。

⑥智慧社区。何为智慧社区,不同的学者、组织赋予了不同的定义。世界智慧社区基金会从人性化的角度阐述了智慧社区的基本概念,即"智慧社区是一个地区有意识地应用信息技术,从根本意义上,而不仅从数量增长的意义上,来改变人们的生活和工作方式。这种改变必须为社区带来福利,并且得到当地的社区团体、政府、企业和教育部门的支持和协作。"智慧社区建设的根本任务是通过运用新一代信息技术,为社区生活提供全方位、多元化服务,实现社区管理和社区服务的智慧化,保证社区各类资源与社区居民之间有机衔接、合理分配。社区是城市最基本的组成部分,是城市居民生存和发展的载体。社区智慧化是城市智慧化的基础和前提,智慧社区是智慧城市的基本单元。当前我国城市社区的发展模式尚不成熟,社区的智慧化建设为社区发展提

供了新的方向。

⑦智慧医疗。智慧医疗就是在一定区域范围内,以全民电子健康档案为基础,为医疗服务提供者、卫生管理机构、患者、医疗支付方及医药产品供应商等机构,提供以数字化形式收集、传递、存储、处理卫生行业数据的业务和技术平台,以支持医疗服务、公共卫生以及卫生行政管理的需要,为卫生事业发展提供支撑。智慧医疗是以提高居民的健康水平为目标,以市民健康档案、电子病历为载体所构建的无缝隙医疗卫生服务体系,其实施的关键是健康保障信息的共享及医疗资源的整合。智慧医疗为解决我国医疗卫生资源总量不足、分配不合理提供了新的途径,智慧医疗是保障城市民生的主要领域。

⑧智慧教育。智慧教育是利用先进的信息技术,以资源共享、多方互动、开放协作为基本特征的新型教育平台。智慧教育建立了智能、融合的网络环境,同时综合运用数据挖掘技术、云存储与云计算技术等一系列智慧技术,实现教育手段和载体的智慧化。对于像我国这样一个处于高速城市化阶段的人口大国来说,优质教育资源供给不足是必然的,智慧教育为成功破解教育发展难题提供了一个良好的途径。智慧教育对于中国的智慧城市建设更显重要。

⑨智慧管网。智慧管网是指运用新一代信息技术实现对城市各类管道网络(给排水、燃气、供暖等)的精准管控和智能操纵。智慧管网依靠技术进步完全能够实现基本信息实时准确、运行状况动态可视、日常管理智能精准、应急处理安全高效。智慧管网是以新的手段、方式和载体来实现城市管理精细化、科学化,以便彻底扭转当前我国城市管网建设和管理方式简单、粗放的现状。目前城市管网的智慧化是智慧城市建设的重点和紧急领域。

综上所述,城市 TOD 的提档升级离不开轨道交通 TOD 的网络化打造和 TOD 智慧城市建设。城市各个层次的 TOD 从点到线到面的系统化规划和建设,将进一步优化城市功能布局,提升城市发展格局,开创现代化城市发展新时代。

9.3　山地城市 TOD 发展展望

TOD 代表着站城一体的城市形态,聚集着高密度的建筑群和人群,向外发散、向内聚集着各种形式的交通形式。TOD 的打造一定是区域核心再造,区域形象重塑,区域经济振兴。山地城市多以组团式功能布局,由于地形地貌的限制,网格化的城市布局很难在山地城市遍地开花,因此,提高组团内的凝聚力和吸引力,增强组团间的交通联系和互动效率,是山地城市加快推进 TOD 发展的源动力,是山地城市构建开放性、先进性、现代化城市格局的必经之路。

　　TOD 是区域经济的载体，是城区生活的平台，在社会经济、文化、技术等日新月异的时代背景下，山地城市区域经济的特点和优势将日益凸显，大而全、多而杂的城市综合体必将在同质化竞争中转型升级，区域 TOD 单打独斗的经济增长方式已无法适应高品质、高质量、高标准的城市发展需求。多元化的 TOD 布局，必将重构山地城市格局；基于 TOD 的智能互联集群，定能打通空间、时间的限制，改变山地城市的经济发展模式，使其达到一个新高度。

参考文献

［1］田莉,庄海波.城市快速轨道交通建设和房地产联合开发的机制研究——以广州市为例的思考［J］.城市规划学刊,1998(2):30-34,65.

［2］何宁,顾保南.城市轨道交通对土地利用的作用分析［J］.城市轨道交通研究,1998,1(4):32-36.

［3］田莉.快速轨道交通沿线的土地利用研究［J］.现代城市研究,1999(3):26-29.

［4］陈燕萍.对深圳城市建设战略目标的探讨［J］.特区经济,1999(7):56.

［5］潘海啸,惠英.轨道交通建设与都市发展［J］.城市规划学刊,1999(2):12-17,81.

［6］陆化普,张鹏.城市公共交通的综合集成［J］.城市轨道交通研究,1999,2(1):29-32.

［7］马隆·博内特,尼古拉斯·康平.TOD在圣迭戈——一种规划理念实施的渐进过程［J］.国际城市规划,2000(4):38-41.

［8］陈燕萍.城市交通问题的治本之路——公共交通社区与公共交通导向的城市土地利用形态［J］.城市规划,2000,24(3):10-14,64.

［9］王缉宪.国外城市土地利用与交通一体规划的方沄与实践.国际城市规划,2009,24(S1):205-209.

［10］蒋谦.国外公交导向开发研究的启示［J］.城市规划,2002,26(8):82-87.

［11］马强.近年来北美关于"TOD"的研究进展［J］.国际城市规划,2003,18(5):45-50.

［12］王祥骝,张雅琪.轨道运输与城市机能结合的新思维——TOD的规划概念［J］.都市快轨交通,2004,17(5):9-12.

[13] 张明,刘菁.适合中国城市特征的 TOD 规划设计原则[J].城市规划学刊,2007
(1):91-96.

[14] 陆化普,赵晶.适合中国城市的 TOD 规划方法研究[J].公路工程,2008,33(6):
64-68.

[15] Robert Cervero.TOD 与可持续发展[J].城市交通,2011(1):24-28.

[16] 李珽,史懿亭,符文颖.TOD 概念的发展及其中国化[J].国际城市规划,2015(3):
72-77.

[17] 王有为.适于中国城市的 TOD 规划理论研究[J].城市交通,2016,14(6):40-48.

[18] 田雯婷.TOD 模式在中国应用的研究与思考[J].城市建筑,2016(26):327-328.

[19] 王佳文.美国新城市主义运动及其理论研究[D].哈尔滨:哈尔滨工业大学,2003.

[20] 李娟,邬郁儒.超级大城市以轨道交通作为公共交通主体的战略思考[J].交通企
业管理,2011,26(7):12-13.

[21] 沈振江,雷震汉,林心怡.城市规划公众参与环节中 VR could 技术应用可行性分
析——以日本东京涩谷区涩谷站人行天桥建设项目为例[J].现代城市研究,
2016,31(11):10-19.

[22] 周玮明.TOD 模式下城市轨道交通站点周边用地开发研究[D].广东:华南理工
大学,2010.

[23] 姜亚丽.高密度开发城市的交通与土地利用规划模式[D].陕西:西安建筑科技大
学,2007.

[24] 路昊,罗霞.TOD 模式下轨道交通站点周边土地利用优化模型[J].综合运输,
2020(1):38-43.

[25] 刘义山.TOD 模式下地下商业开发建设思路——以长沙叮叮 MALL 项目为例
[J].交通企业管理,2020,35(3):82-84.

[26] 李红昌,刘钟南,杨永平.日本铁路考察报告——对我国铁路产业及北京城市轨
道交通发展方向的一些建议[J].铁道经济研究,2011(1):17-26.

[27] 何硕硕.基于 TOD 模式的城市轨道交通站点周边规划研究[J].现代城市轨道交
通,2021(1):14-17.

[28] 王梦恕.发展城市轨道交通应注意的若干问题[J].城市轨道交通研究,2004,
7(6):1-2.

[29] 陆刚.简述智能交通系统在我国的发展与应用[J].城市公共交通,2007(10):28.

[30] 梁衡.文化的力量[J].中国医学人文,2019,5(8):9-11.

[31] 彼得·卡尔索普.未来美国大都市:生态·社区·美国梦[M].郭亮,译.北京:中
国建筑工业出版社,2009.

[32] 彼得·卡尔索普,杨保军,张泉,等.TOD 在中国:面向低碳城市的土地使用与交
通规划设计指南[M].北京:中国建筑工业出版社,2014.